Catch on!
知道的ゾ

FROM TULIPS
TO BITCOINS

從鬱金香
到比特幣的
狂歡與泡沫

大宗商品市場投機史

托爾斯登・丹寧 Torsten Dennin／著

呂佩憶／譯

A History of Fortunes Made and Lost
in Commodity Markets

目 錄
CONTENTS

推薦序 1　大宗商品的繁華起落　　　008
瑞士資源資本執行長／尤申・斯泰格

推薦序 2　區塊鏈與比特幣　　　010
布洛索利德公司營運長／湯瑪士・雷梅特

前言

　　　012

第 1 章　鬱金香狂熱：史上最大泡沫（1637 年）　　　019
17 世紀的荷蘭，鬱金香成為富裕的新上層階級的地位象徵。以黃金來秤重的球莖保證金交易，讓保守的商人變成魯莽的賭徒，賭上他們的房子和財富。泡沫在 1637 年時破滅。

第 2 章　堂島米會所與「相場之神」（1750 年）　　　025
18 世紀時，稻米期貨合約被引進日本的堂島米會所。商人本間宗久因為對市場的眼光精準而贏得「相場之神」的封號，而他也成為日本最富有的人。

第 3 章　加州淘金熱（1849 年）　　　031
淘金熱！光是 1849 年一年，就有約十萬人受到驚人的財富吸引而湧入加州。隔年加州產出的黃金價值超越了美國聯邦總預算。因為擁有這個寶藏，加州於 1850 年成為合眾國的第 31 個州。

第 4 章　小麥：老赫的發財手段（1866 年）　　　037
芝加哥期貨交易所成立於 1848 年，綽號「老赫」的班傑明・赫奇森後來因為成功地壟斷小麥市場而聲名大噪，短暫地控制整個市場並獲利數百萬。

第 5 章　洛克斐勒與標準石油（1870 年）　　　043
美國內戰觸發第一次石油榮景。這段期間，約翰・洛克斐勒成立了標準石油公司。在幾年內透過積極的商業策略，從生產和處理到運送和物流，他主導了整個石油市場。

第 6 章　小麥：芝加哥大火（1872 年）　　　049
1871 年 10 月的芝加哥大火對該市造成嚴重的破壞，且有超過十萬人無家可歸。小麥的倉儲容量也大大減少。交易員約翰・萊恩認為這是大賺一筆的機會。

第 7 章　原油：點石成金的歐納西斯（1956 年）　　　053
上流社會的指標亞里斯多德・歐納西斯似乎有點石成金的能力。這個原本沒沒無聞的小人物，打造了世界最大的貨物和石油船隊，並透過建造超級油輪和原油運輸賺進龐大的財富。歐納西斯和沙烏地皇室家族簽訂獨家契約，而他也是蘇伊士運河衝突的贏家之一。

第 8 章　大豆：紐澤西的捉迷藏（1963 年） 061

大豆油引爆了美國 1963 年的信貸危機。原本壟斷大豆市場的企業最後以混亂作收，令許多企業陷入破產，並導致 1 億 5 千萬美元的損失（換算成現值約 12 億美元）。其中受害者包括美國運通、美國銀行和大通曼哈頓銀行。

第 9 章　小麥：俄羅斯的熊餓了（1972 年） 069

蘇聯開始大量買進美國小麥，當地的價格上漲了三倍。結果，李察‧丹尼斯在大宗商品交易界開啟了突破性的事業。

第 10 章　金本位制的終結（1973 年） 075

黃金和白銀數世紀以來一直被視為法定貨幣，但是到了 19 世紀晚期，白銀逐漸失去貨幣的功能。黃金則維持貨幣的地位，直到 1973 年的布萊頓森林體系（Bretton Woods system）的終結。由於目前主權國家的債臺高築，令許多投資人開始考慮投資貴金屬。

第 11 章　1970 年代——石油危機！（1973 年和 1979 年） 083

1970 年代時，世界必須解決 1973 年和 1979 年的全球性石油危機。中東地區將原油當成政治武器，而工業化國家原本不擔心對能源的依賴度愈來愈高以及供給的安全性，結果經濟陷入一片混亂。

第 12 章　鑽石：全世界最硬貨幣的崩盤（1979 年） 091

雖然需要個別評估價格，鑽石價格長期以來維持穩定的趨勢。然而，壟斷者戴比爾斯在 1979 年失去鑽石市場的控制；「投資用鑽石」的價值重挫 90%。

第 13 章　「白銀星期四」以及杭特兄弟的沒落（1980 年） 099

尼爾森‧邦克‧杭特與威廉‧赫柏特‧杭特兄弟於 1980 年試圖壟斷銀市，結果慘敗。1980 年 3 月 27 日，後來被稱為「白銀星期四」，銀價在一天內重挫三分之一。

第 14 章　原油：不用血換油？（1990 年） 107

中東的權力政治：伊拉克入侵科威特，面對由美國率領的西方國家聯合軍隊，伊拉克必須退出科威特。在撤退時，伊拉克部隊在科威特油田放火。油價在三個月內漲逾一倍，從不到 20 美元漲到 40 美元。

第 15 章　德國金屬公司末日（1993 年） 115

原油期貨讓德國金屬公司陷入無法償債的地步，差點造成二戰以來德國最嚴重的企業倒閉。執行長海恩茲‧施梅布許於 1993 年造成逾十億美元的虧損。

第 16 章　銀：三位智者（1994 年） 121

華倫‧巴菲特、比爾‧蓋茲和喬治‧索羅斯在 1990 年代展現對銀市的興趣，投資於尖端銀礦、泛美銀業和實體白銀。這是白銀和銀礦開採的對決。誰會領先，誰會落後？

第 17 章　銅：「5% 先生」撼動市場（1996 年） 129

住友商事的明星交易員濱中泰男在東京過著兩種生活，操縱銅市，以及為上級創造破紀錄的獲利，但同時也執行高風險的私下交易。最後，住友商事承受 26 億美元的天價虧損，而濱中則被判八年的刑期。

第 18 章　黃金：歡迎來到叢林（1997 年）　　　　　　　　　　　　135
加拿大企業 Bre-X 在波羅洲發現黃金蘊藏，總估計值逾 2 億美元。大型礦業公司和印尼總統蘇哈托都想分一杯羹，但是 1997 年 3 月時發現，這原來只是史上最大規模的黃金詐騙案。

第 19 章　鈀：比黃金還貴（2001 年）　　　　　　　　　　　　　143
2001 年，四種交易的貴金屬中——黃金、白銀、白金和鈀金，而鈀金成為第一個價格突破每盎司 1,000 美元心理價格的貴金屬，在四年內價格漲了十倍。漲勢的原因在於最大製造商俄羅斯持續延遲交貨。

第 20 章　銅：劉其兵人間蒸發（2005 年）　　　　　　　　　　　149
中國國家儲備局一名交易員放空 20 萬公噸的銅，希望價格能因此下跌。然而，當銅價漲至新高時，這名交易員從此人間蒸發，而且雇主矢口否認這個人的存在。這個看似驚悚片的驚人故事震驚全世界。

第 21 章　鋅：淹沒和浮出水面（2005 年）　　　　　　　　　　　155
紐奧良市有「愜意之都」之稱，以爵士樂、狂歡節和克利歐美食聞名。然而，較不為人所知的則是全球約有四分之一的鋅庫存則存放於此。卡翠娜颶風導致鋅庫存無法取得，市場憂心鋅庫存受損導致鋅價上揚至歷史高點。

第 22 章　天然氣：布萊恩杭特和阿瑪蘭斯的倒閉（2006 年）　　161
在能源對沖基金 MotherRock 倒閉之後，Amaranth Advisors 的破產震動了金融業，因為這是自 1998 年長期資本管理（Long-Term Capital Management）倒閉以來最大的對沖基金倒閉。情勢何以致此？原因是它在美國天然氣期貨的投機失敗。Amaranth 的能源交易員布萊恩杭特在幾週內損失了 60 億美元。

第 23 章　柳橙汁：間接傷害（2006 年）　　　　　　　　　　　　171
「格局要大、想法積極。絕對不會展現弱點。一定要朝致命傷出擊。買在低點、賣在高點。」這是電影《你整我，我整你》中艾迪墨菲扮演的比爾・瑞・瓦倫亭的哲學。電影結局是墨菲和丹・艾克洛伊壟斷柳橙汁市場。在現實生活中，冷凍柳橙汁濃縮液的價格，在 2004 到 2006 年於紐約商品期貨交易所大漲四倍——是創記錄的颶風季造成的後果。

第 24 章　約翰・弗雷德里克森：海狼（2006 年）　　　　　　　177
約翰・弗雷德里克森掌控負責運輸原油的企業帝國。這個帝國的明珠之一是美威集團，全球最大水產公司。

第 25 章　拉克希米・米塔爾：鋼鐵大亨（2006 年）　　　　　　183
中國經濟成長的活力及其對原物料的旺盛需求，讓瀕死的鋼鐵業恢復生機。透過精明的收購和重新組織不振的事業，拉克希米・米塔爾從印度的小企業家崛起，在收購了世界第二大鋼鐵製造商安賽樂後，成為世界最大鋼鐵巨擘。

第 26 章　原油：「七姊妹」回來了（2007 年）　　　　　　　　191
一個獨占的企業團體控制著石油的生產和全球的石油蘊藏。但是隨著石油輸出國家組織以及西方國家以外的國家紛紛成立石油公司，這個企業團體的影響力逐漸式微。

第 27 章　小麥和澳洲的「千禧年乾旱」（2007 年）　　　　　　　　　　　*197*

澳洲在經歷了七年的農作物歉收後，千禧年乾旱又將全球小麥價格推升至一個又一個高點。成千上萬名澳洲農民預期完全無法收成。這是否預言了氣候變遷的結果？

第 28 章　天然氣：加拿大的亂局（2007 年）　　　　　　　　　　　　　*205*

由於大宗商品價格炒作失利，蒙特婁銀行新任執行長比爾‧道恩必須報告 2007 年第二季虧損。就在阿瑪蘭斯破產後，另一次天然氣交易醜聞撼動市場參與者的信心。

第 29 章　白金：南非停電（2008 年）　　　　　　　　　　　　　　　　*211*

由於非洲最大能源供應商艾斯康的供電持續陷入瓶頸，南非各大型礦業公司必須限縮產能，導致白金價格爆漲。

第 30 章　稻米：預言者（2008 年）　　　　　　　　　　　　　　　　　*217*

泰國「稻米預言家」維猜‧斯利普拉瑟於 2007 年預估，稻米價格將從 300 美元漲至 1,000 美元，隨即成為訕笑的對象。然而，一個危險的連鎖反應將在亞洲影響稻米的收成，而熱帶氣旋納吉斯最後釀成一場災難。

第 31 章　小麥：曼菲斯的運作（2008 年）　　　　　　　　　　　　　　*223*

小麥價格飆漲一再創新高。交易員艾文‧杜利賭錯了小麥的走勢，操作 10 億美元結果失敗，導致他的雇主全球曼氏金融在 2008 年 2 月虧損 1.4 億美元。

第 32 章　原油：德州的正價差（2009 年）　　　　　　　　　　　　　　*229*

西德州中級（WTI）原油價格崩盤令全球各地的商品期貨交易員大感不安。奧克拉荷馬州一個 1 萬人的社區成為全球的焦點。「超級正價差」的概念誕生，投資銀行也開始從事油輪事業。

第 33 章　糖：等待雨季（2010 年）　　　　　　　　　　　　　　　　　*237*

嚴重旱災威脅著印度的糖收成，全世界糖消費量最大的國家在全球市場上成了淨進口國。全球最大糖出口國巴西自己也有麻煩。結果國際糖價漲至 28 年高點。

第 34 章　巧克力手指（2010 年）　　　　　　　　　　　　　　　　　　*243*

由於全球最大可可出口國象牙海岸的收成減少，國際商品期貨市場上的價格上升。2010 年夏季，綽號「巧克力手指」的可可交易商安東尼‧沃德，對可可期貨投注了逾 10 美元的賭注。

第 35 章　銅：剛果之王（2010 年）　　　　　　　　　　　　　　　　　*249*

剛果銅帶資源豐富，但無數暴君掠奪土地。現在歐亞自然資源公司（ENRC）正在向非洲伸出援手，這些來自哈薩克斯坦的寡頭們毫不避諱與黑幕商人或約瑟夫‧卡比拉總統的腐敗政權打交道。

第 36 章　原油：深水地平線和漏油事件（2010 年）　　　　　　　　　　*259*

墨西哥灣的情勢緊張。深水地平線鑽油平臺爆炸，展開一場空前的災難，是有史以來最嚴重漏油事件。7.8 億公升的原油流入海中。英國石油公司的市值在幾個月內蒸發了一半。

第 37 章　棉花：白色的金子（2011 年）　　　　　　　　　　　　　　　267
反聖嬰現象的天氣異象造成的洪水和天候條件不佳，導致巴基斯坦、中國和印度的農作物嚴重歉收。恐慌性收購和囤積推升棉花價格至美國內戰以來 150 年新高。

第 38 章　嘉能可：走向光明的巨人（2011 年）　　　　　　　　　　　275
2011 年 5 月，知名但行事謹慎且有著神祕歷史的全球最大商品交易公司首次公開發行股票。公司的前老闆馬克·瑞奇和平克斯·格林，已經被美國司法當局追查逾 20 年。過去沒有被要求資訊透明也對大眾不負有任何責任，公司可以自由地和世界各地的獨裁者和流氓國家進行交易。

第 39 章　稀土狂潮：釹、鏑和鑭（2011 年）　　　　　　　　　　　283
中國緊縮稀土的供給，美國、日本與歐洲的高科技業敲響警鐘。但是中國的壟斷短期內無法被打破。結果導致稀土價格大幅上漲吸引世界各地的投資人。

第 40 章　結束？原油倒入排水口（2016 年）　　　　　　　　　　　291
油市正在醞釀完美風暴。經濟正在下滑，而且因為正價差而導致許多原油被存放著。2016 年 2 月，油價跌至 26 美元，整個世界似乎漂浮在石油上。但是破曉前的黑夜總是最黑暗的，而原油和其他商品找到了多年低點。

第 41 章　電動化：電池金屬革命（2017 年）　　　　　　　　　　　299
伊隆·馬斯克和特斯拉正在為一個龐大趨勢定調：電動化！汽車製造商、公用事業公司和消費者的需求，將鋰電池的使用推升至新高。對大宗商品市場來說，不只是鋰和鈷，就連傳統金屬例如銅和鎳的需求又忽然大增。長期來說，電動化可能是大宗市場的「新中國」。

第 42 章　加密狂潮：比特幣與加密貨幣的出現（2018 年）　　　　305
比特幣是第一個現代加密貨幣，誕生於 2009 年。比特幣的價值在 2017 年爆發，從不到 1 千美元升至 2 萬美元，吸引全世界的注意。價格如此驚人地躍升，隨後又在 2018 年重挫將近 80%，使比特幣成為有史以來最大的金融泡沫，令 17 世紀的荷蘭鬱金香熱也相形失色。儘管有泡沫而且破滅，但比特幣的未來仍十分看好，因為其基礎區塊鏈技術揭示了比特幣的潛力，並且開始改革我們的日常生活。

展望：新循環與新時代伊始　　　　　　　　　　　　　　　　　　322

尾聲　　　　　　　　　　　　　　　　　　　　　　　　　　　　327

致謝　　　　　　　　　　　　　　　　　　　　　　　　　　　　331

附錄：重要詞彙　　　　　　　　　　　　　　　　　　　　　　　332

附錄：英文縮寫清單　　　　　　　　　　　　　　　　　　　　　338

推薦序 1

大宗商品的繁華起落

瑞士資源資本（Swiss Resource Capital）執行長／尤申‧斯泰格（Jochen Staiger）

大宗商品與期貨交易的歷史悠久，早在有交易所之前就已經開始保障農民和生產者避免意外的損失。芝加哥商品交易所於 1898 年成立後，期貨交易開始標準化，忽然間這成了一個安全的市場，而且是炒作軟性商品（例如小麥和玉米）價格的方法，同時參與者不需真正持有實體產品。

一開始時，炒作的圈子不大，但隨著時間過去情況也有所改變。現在我們看到避險基金甚至是退休基金投資和炒作大宗商品，如黃金、白銀、銅、豬肉和冷凍柳橙汁。此外，也有大型私人投資人認為自己能打敗市場。時代改變得很快，毫無疑問，我們正身處大宗商品和原物料新一波的榮景中。

一方面，大宗商品產業歷經許多改變，原因包括未預料到的稅制、政權更迭、關稅，以及最重要的新的電子行動時代，這將在未來二、三十年劇烈改變大宗商品的世界。以交通為例。未來我們都想要以環保的方式駕駛，而且想要為環保出一份力而感到自豪。這就表示我們需要更多的銅、鋰、鈷、鋅、鎳、銀和鉛，以生產這些環保汽車。此外，鈾的價格也再度上揚，因為到了 2030 年，我們需要的能源將比 2018 年消耗量高

出一倍多。還有，黃金仍是最安全的大宗商品，以保障人們的財富。但是因為目前尚沒有這些商品的礦業，這些商品很快就會展開新的榮景。我們將因此創造全新的泡沫和榮景循環。

從鬱金香狂熱開始，一直介紹到比特幣狂潮，本書作者托爾斯登‧丹寧說明了在這些市場的繁榮與蕭條。（奇特的是，比特幣也需要被「開採」，但是其價格已大幅縮水，因為它沒有真實的價值，而且在地底也沒有實體蘊藏。）故事永遠是一樣的，不一樣的是泡沫的名稱。托爾斯登解釋了泡沫的模式，讀者應仔細閱讀。投資人需要這份歷史資訊才能更了解大宗商品市場。也許投資人能從過去學到教訓，以避免再次犯下相同的錯誤。讀者也能了解大宗商品市場總是面臨被操縱的危險，因為這些市場有時非常小，而金融資產通常都集中在少數能運用數千億美元資金的人手中。

石油、鬱金香、銀、黃豆──這類市場可以被「五鬼搬運」，而托爾斯登了不起的貢獻就是指出影響大宗商品市場的隱藏或未知的事件。托爾斯登是業界少數在大宗商品榮景開始前，就積極投入這個主題的人之一。他有超過 16 年在個別商品市場的豐富經歷，熟知市場的需求、供給和價格這些性質相同的行為。

我認識托爾斯登‧丹寧超過十年，我視他為大宗商品市場的少數專家之一。透過本書介紹的不同事件，他以輕鬆、娛樂的方式，帶領讀者進入大宗商品、投資、繁榮和泡沫破滅的主題。從歷史性的市場事件中學到的教訓，本書為參與大宗商品的個人和機構投資人提供真正的養份。

推薦序 2

區塊鏈與比特幣

布洛索利德公司（Bloxolid）營運長／湯瑪士・雷梅特
（Thomas Rehmet）

　　自從 2008 年的金融危機爆發以來，全世界各國的央行開始大印鈔票，以「量化寬鬆」的方式將數以億計的美元、歐元、日圓等各種貨幣來淹沒金融市場。在這段流動性充足的期間，原物料市場愈來愈吸引投資人的目光。不只是從事商品交易的機構投資人，還有愈來愈多私人投資人也在尋找將資產投資在真正有價值的東西上，以保護自己不受法定貨幣通貨膨脹的影響。實際價值超越貨幣價值，已經成為流行語。

　　但是不論是經濟、政治或是詐欺事件，都在導致原物料市場不斷出現價格扭曲的情形。

　　在 2008 年 11 月 1 日的金融危機開始時，有一篇標題為《比特幣：一種對等式的電子現金系統》（Bitcoin: A Peer-to-Peer Electronic Cash System）關於加密貨幣的創立文件被發表出來。這是最初的訊號，因為區塊鏈已被視為全球下一個革命性的科技。

　　最近一次的加密貨幣熱潮是 2017 年全球的關注焦點，到了 2018 年則發生了熱潮相對於實用性之間的拉鋸。2019

年是區塊鏈創新的一年。我們的任務是結合真正的資產，例如貴金屬和創新區塊鏈技術，以創造新的安全且穩定的資產與貨幣類型。布洛索利德正在推出 ARG3NTUM：第一個完全由實體白銀而在德國創立的加密貨幣。

　　托爾斯登・丹寧非常清楚地摘要過去四個世紀以來的金融與商品市場歷史，介紹了個別事件的重點。本書不只聚焦於極端事件，還詳細描述過程中的高低潮，以 42 個章節按時間順序摘要描述。這是每一位投資人都必讀的佳作。畢竟：

「知道過去就能瞭解現在並形塑未來。」
　　──葛洛・曼恩（Golo Mann，歷史學家，1909-1994 年）。

前言

「商品價格絕對不會跌到零……你不是買一張紙告訴你,你所持有的公司無形的一部份有一天會破產。」
——商品投資大師吉姆‧羅傑斯（Jim Rogers）

　　2000年初時,商品投資蔚為流行,因為銀行和其他金融仲介機構將投資原油、黃金、白銀、銅、小麥、玉米或糖宣傳成「投資主題」,而且是一種「新的」資產類別。最初可投資的商品指數有兩個,分別是「標準普爾高盛商品指數」（S&P Goldman Sachs Commodity Index）和「道瓊美國國際集團商品指數」（Dow Jones AIG Commodity Index）,這些都是在1990年代初期時開發的指數,但從2000年開始,所有大型投資銀行都要提供自己的商品指數和指數概念。

　　這樣的發展為機構投資人和富裕的個人,開啟了全新又有吸引力的資產類別。我們在加密貨幣世界中又看到相同的發展,為大眾創造奇特、全新且可投資的資產類別。

　　從2000年開始,中國經濟快速成長的趨勢就很顯著,也是大宗商品榮景的主要因素,當時「世界的工廠」對原物料發展出龐大的需求。鐵礦砂、煤炭、銅、鋁和鋅的進口大增,使中國成為全球需求的主導性因素。中國經濟大幅成長令商品價格飆升。中國就像一部龐大的吸塵器,把所有能

源、金屬和農作物全都一掃而空,而且因為供應成長趕不上需求的增加,使得價格持續攀升。

雷曼兄弟倒閉和金融危機惡化,至少在短期內減輕了價格上漲的壓力。原油從 2008 年夏季的高點每桶 150 美元崩盤,到了 2009 年春季時跌到不到 40 美元。那一年價格再度回升至 80 美元。

工業用金屬也受惠於那波經濟復甦。金融危機的餘波和對於公共債務攀升還有對金融體系穩定性的憂慮,投資人對黃金的興趣大幅上升。2009 年的歐洲債務危機逼近,黃金價格首次超越 1,000 美元,到了 2011 年一度漲破每金衡盎司 1,900 美元。

外國農產品例如糖、咖啡和可可也在 2009 年經歷大漲,因為「農貨膨脹」(agflation,農產品通膨)的陰影又回來,嚇壞了市場。但是 2008 到 2009 年金融崩盤後的市場復甦並不具有持續性。緩慢的成長、槓桿大增以及中國經濟成長減緩,加劇了原物料供給的嚴重失衡。

供給過剩導致原油價格於 2016 年初時重挫跌回 26 美元。但後來商品市場又復甦,2016 年是五年來首次全年價格止跌回升。

商品市場與加密貨幣——基本概念

大宗商品是任何標準化的原始或初級經濟產品。美國有

組織的商品交易可追溯至將近 200 年前，但是商品交易的歷史其實更久遠。可追溯至幾千年前，例如古代蘇美文明、希臘和羅馬時期。相較於商品的交易，交易公司部分所有權的股票市場歷史就短得多了。

　　1602 年時，荷蘭東印度公司在歐洲的阿姆斯特丹交易所，正式成為全世界第一個公開上市的公司。美國第一個大型股票交易所是紐約股票交易所，於 1792 年在紐約市華爾街成立。

　　商品可以分為能源、金屬、農產品、牲口和肉類。也可以區分為需要開採才能得到的硬商品，例如金屬和石油，以及透過種植而得的軟商品，例如小麥、玉米、棉花或糖。

　　目前為止最重要的商品類別是原油及其副產品，例如汽油、燃油、噴射燃油或柴油。全世界每天消耗超過 1 億桶原油，市值高達每天 60 億美元，每年 2.2 兆美元！四分之三的原油會進入運輸產業，用於燃料車、貨車、飛機和船隻。

　　金屬市場通常分為基本金屬和貴金屬。以公噸來計算，鐵礦砂是最大的金屬市場，全球開發的鐵礦砂超過 220 萬公噸。全球將近三分之二鐵礦砂出口至中國；也就是 10 億公噸！另一方面，以每公噸 70 美元計算，鐵礦砂的市場價值其實相當小。

　　以美元來計算，最大的金屬市場是黃金。每年開採量約為 3,500 公噸，相當於 1.4 億美元。已開採出來的黃金總量估計約為 19 萬公噸；因此黃金的實體市場將近 8 兆美元。以價值來計算，銅、鋁和鋅排名第二，其他貴金屬，例如白

銀、白金或鈀金的市場則相當小。

農產品和牲口市場中,最大的市場是小麥和玉米等穀物,還有油類種籽,例如黃豆,還有糖。

比特幣於 2009 年 1 月發行,是第一種加密貨幣。此後已發明出超過四千種替代幣（alternative coins,altcoin）。加密貨幣價值網站 coinmarketcap.com 每天追蹤約兩千種加密貨幣的價格。在 2018 年歷經嚴重的價格修正後,所有加密貨幣的總市值跌到剩下不到 2,000 億美元。

比特幣仍是最主要的加密貨幣,市值將近 700 億美元,市占率為 40%。其次交易量最大的五種加密貨幣分別是瑞波幣、乙太幣、恆星幣、比特幣現金和萊特幣。這五種加密貨幣總計市值 300 億美元,不到比特幣的一半。

有組織的商品交易本身的歷史比股票市場還要久,在過去數十年來因為價格劇烈波動使得許多人都忽略了這個事實。舉例來說,芝加哥期貨交易所（Chicago Board of Trade,CBOT）成立於 1848 年,提供一個平台以交易農產品,例如小麥和玉米。但是商品的交易與投機買賣的歷史更久。西元前 4000 年,蘇美人用陶土代幣決定未來交付動物（例如山羊）的時間、日期和數量,就像現代商品期貨合約一樣。

古希臘農民出售未來交付的橄欖,古羅馬的記錄顯示,小麥是以未來交付的方式來進行買賣。羅馬交易商針對北非的農作物進行避險,以保障價格意外上漲的風險。

商品與加密貨幣的交易歷史既精彩又具有知識性,而我

的目標是將過去到現在最重要的幾個事件，藉由本書介紹給讀者。有些是精彩的興衰故事；有些則是交易獲利的故事。全都值得關注。

本書前六章介紹17到19世紀的重大事件。1600年代的荷蘭鬱金香熱被認為是史上第一個有記錄的市場崩盤，至今仍是大學授課的主題。18世紀的稻米財富在日本，在創造財富的過程中還發明了至今仍被金融業使用的蠟燭圖。

1800年代，洛克斐勒的策略以及標準石油的興起，標誌著石油年代的開始。幾乎是同時在美國的中西部，兩個男人想要靠著炒作小麥市場累積財富，而在加州則是爆發淘金熱潮，也帶來了重大的後果。

20世紀的商品交易事件，比較像是商業史的名人介紹：亞里斯多德・歐納西斯、華倫・巴菲特、比爾・蓋茲和喬治・索羅斯，都只是一些重要的市場參與者。與此同時，原油的重要性也愈來愈高。

商品市場在1970年代出現重要的榮景。由於小麥收成欠佳，蘇聯就向美國收購農產品，推升原本就已經在上漲趨勢中的小麥、玉米和大豆價格。1973和1979年兩次石油危機導致原油價格大漲，改變了現今世界秩序，這麼說並不過份；1990年的波斯灣戰爭部分來說是為了逆轉情勢。這段期間，油價上漲一倍。間接受害的是德國企業聯合，德國金屬公司因為原油交易失誤導致最後無法償債。

隔年的榮景則是黃金、白銀和鑽石，隨後價格崩盤，而杭特兄弟則是因為白銀價格崩跌失去了石油帶來的家族財

富。華倫‧巴菲特、比爾‧蓋茲和喬治‧索羅斯，後來紛紛投資白銀市場。在波羅洲的叢林裡發生史上最大黃金騙局，導致加拿大礦業公司 Bre-X 破產。另一次重大的炒作是在 1996 年，日本交易員濱中泰男炒作銅市。同樣的情形在將近十年後，中國的銅交易員劉其兵又再做了一次，這也顯示了經濟實力正從日本逐漸轉至中國。

2000 年以後新興的商品榮景吸引其他投機者，也帶來了其他的興衰事件。阿瑪蘭斯顧問公司因為投資天然氣，而在短短幾周內虧損 60 億美元而倒閉，成為全世界的新聞頭條。

天氣通常扮演重要的角色。卡翠娜颶風為紐奧良帶來的洪水，導致倫敦鋅價飆漲，因為倫敦金屬交易所授權的絕大部分存放鋅的倉庫都在此，而且因洪水而無法前往取的庫存。2006 年大西洋颶風季頻繁，導致油價因為墨西哥灣的鑽油平台損壞而上漲，但也推升柳橙汁濃縮液價格上漲至新高。

「千禧年旱災」威脅澳洲，導致全球小麥價格飆上歷史新高。幾年後，印度發生旱災推升糖價至 30 年高點。在此之前不久，熱帶氣旋納吉斯襲擊亞洲，導致嚴重的災難。稻米必須配給，造成許多國家的動盪。

這些改變命運的事件通常不同於涉及大量金錢的人為炒作。舉例來說，交易商艾文‧杜利因小麥期貨而虧損逾 1 億美元，幾周前，法國興業銀行的交易員傑宏‧科維耶導致銀行虧損數十億美元的事件才剛登上全球新聞頭條。2011

年,有「石油大王」之稱的馬克‧瑞奇大賺一筆:嘉能可慶祝首次公開發行新股,將執行長艾文‧格拉森柏格推向瑞士十大首富之一。

新的十年剛開始,商品市場流行的主題轉換到稀土,例如釹和鏑,然後是「能源金屬」,如鋰和鈷,這些都是對儲存能源和未來電動運輸的必要金屬。自 2009 年開始,區塊鏈和比特幣就吸引交易者的目光。2017 年,紐約商品交易所引進可交易貨幣期貨,加密貨幣現在已成了一種商品。

比特幣在 2017 年初時的價格不到 1,000 美元,一度漲到 20,000 美元;然後加密貨幣在 2018 年第一周崩盤暴跌 80%。在人類最嚴重的金融泡沫史中,鬱金香熱居所有泡沫龍頭寶座長達 400 年後,被比特幣擠到第二名。

本書的章節是以金融史上第二大和最大金融泡沫為開頭和結尾:鬱金香和比特幣。中間共有 400 年來 40 個重大商品市場事件,伴隨著極端價格波動和各自不同的結果,這些事件都顯示著每一個市場都受到供給與需求或其他外部因素造成的榮枯周期所影響。

不論是白金生產大國南非、忽然降霜影響著咖啡或柳橙收成、動盪波及象牙海岸的可可價格、智利礦工罷工推升銅價,以及因為金融問題造成比特幣和其他加密貨幣的波動,全都受到景氣榮枯周期的影響。

大宗商品和加密貨幣市場正在投資大趨勢的十字路口,就像人口轉型、氣候變遷、電器化和數位化一樣。投資大宗商品、區塊鏈及其應用仍將是一場刺激的旅程。

第 1 章

鬱金香狂熱：史上最大泡沫
1637 年

17 世紀的荷蘭，
鬱金香成為富裕的新上層階級的地位象徵。
以黃金來秤重的球莖保證金交易，
讓保守的商人變成魯莽的賭徒，
賭上他們的房子和財富。
泡沫在 1637 年時破滅。

「正如1600年代荷蘭的鬱金香狂熱以及2000年代初期的網路狂熱時，市場一再與現實脫鉤。」
──太平洋投資管理公司（Pimco）行政副總裁，東尼‧克雷森齊（Tony Crescenzi）

17世紀初的荷蘭正進入黃金時期，經濟和文化榮景將持續近一百年。宗教自由的荷蘭吸引了許多在別的地方因為信仰而遭到迫害的人來此。此時，剛成立不久的小國，尼德蘭七省聯合共和國（Republic of the Seven United Netherlands）正在興起成為世界強權，成為主要國際貿易國之一，而歐洲其他地方仍處於停滯不前的狀態。

隨著「漢薩同盟」（Hanseatic League，中世紀時歐洲的主要商業聯合組織）式微，荷蘭這個年輕的濱海國家在世界各地建立起殖民地和貿易站，包括「新阿姆斯特丹」（即現今的紐約）、荷屬東印度（即印尼），還有在南美洲與加勒比海的前哨站，例如阿魯巴群島以及荷屬安的列斯群島。1602年時，商人成立了荷蘭東印度公司（Vereenigde Oostindische Compagnie，VOC）獲得政府賦予的主權地位以及商業壟斷權。荷蘭東印度公司是第一個跨國企業，也是17和18世紀最大的貿易公司。來自哈勒姆（Haarlem）和阿姆斯特丹的商人享受著前所未有的經濟榮景。

新的富商階級亟欲效法貴族男女的生活方式，因而建造許多大型房產和占地龐大的花園。16世紀來自亞美尼亞與土耳其，途經君士坦丁堡、維也納和美茵河畔法蘭克福

> ## 大銀幕上的鬱金香狂熱
>
> 鬱金香狂熱不只是經濟和金融界重要的主題，也經常出現在現代流行文化中。在 2010 年的電影《華爾街：金錢萬歲》中，麥克道格拉斯向西亞李畢夫解釋，荷蘭鬱金香狂熱時的情形，而他公寓裡的鬱金香畫則嘲諷地令人回想著這個泡沫。
>
> 2017 年，艾莉森‧歐文（Alison Owen）與哈維‧韋恩斯坦（Harvey Weinstein）製作電影《鬱金香熱》，劇情設定在 17 世界的鬱金香戰。電影描述一位已婚的貴族女子（艾莉西亞‧維坎德飾）和侍女交換身份，以逃離她的富商丈夫並與一名藝術家（丹恩‧德哈安飾）外遇。她和情人為了籌錢而將他們僅有的一切投資於高風險的鬱金香市場中。

（Frankfurt am Main），最後來到荷蘭萊登的鬱金香，很快就成為一種奢侈的商品，以及富裕的地位象徵。上層階級的女性出席社交場合時，會在髮際或衣服上佩戴這種充滿異國風情的花朵。

然而，鬱金香球莖供給的成長速度非常慢，因為每個球莖一年只會繁殖兩到三個後代，而「母」球莖在經過幾季後通常會凋零，因此供給趕不上需求，而價格上漲則為中間人開啟了獲利空間。此時鬱金香已不再由農民販售給富裕的客人，而是透過拍賣出售，但不是在有組織的交易所，最初的交易是在酒吧和旅館裡進行。後來群眾聚集組織成立交易社，

即非正式的交易所,然後他們再根據固定的規則舉辦拍賣會。

鬱金香球莖原本是在種植季時才會進行交易。但是因為需求增加,交易者會賣出仍在土壤中的球莖:出售的產品已不再是花朵,而是買進鬱金香球莖的權利。到了1630年代,鬱金香交易成了一門投機的生意,因為沒有人知道長出來的花會是什麼樣子。約有400名畫家受雇繪製花朵的畫作,以吸引潛在的買家。

鬱金香很快就晉升成為地位的象徵。從1634年到1637年,價格飆漲至原本的50倍。

花朵專家試圖滿足客戶的需求,創造出更新、更美的品種,特別是一致的花瓣以及鮮豔的色彩。一種由蚜蟲傳播的嵌紋病毒的出現,反而創造出極為罕見的品種,一種令人意外的火焰狀雙色花瓣。

在熱潮最高峰時,鬱金香合約會轉手高達十次。從1634年到1637年,價格飆漲至原本的50倍。舉例來說,一個名為「永遠的奧古斯都」(Semper Augustus)的品種,買家支付高達一萬荷蘭盾買一個球莖,約是工匠年薪的20倍。光是1637年1月,價格就在短期內翻漲一倍。只要用三顆鬱金香球莖,就可以在阿姆斯特丹買下一間房子。

這場投機的泡沫在1637年2月5日達到高峰。各地的交易員來到阿爾克馬爾(Alkmaar),而99顆鬱金香球莖以9萬荷蘭盾易主,相當於今日的100萬美元。過高的價格其

實是鬱金香價格重挫的種子，因為早在兩天前在哈勒姆，價格就已經開始崩盤了。在當地一場簡單的酒吧拍賣會中，第一次發生完全沒有買家的情形。市場的反應很快就蔓延開來。忽然間，所有的市場參與者都想出售，導致整個荷蘭鬱金香市場崩盤。

1637年時泡沫破滅：價格重挫95%，交易停止。

　　1637年2月7日，交易完全停擺。價格已經重挫了95%。未訂明全部條件的鬱金香球莖的合約數量超過現有的球莖供給量給好幾倍。買賣雙方都希望荷蘭政府能提供解決之道。最後，期貨交易被禁止，買賣雙方都被迫自行達成協議。

　　荷蘭許多人都中了鬱金香熱，從貴族和商人到農民和一般工人。對市場完全不了解的大部分參與者先從交易鬱金香球莖開始，然後抵押房子或農場以提高原始資本。不過，由於當時荷蘭的經濟蓬勃發展，抵銷了這批投資泡沫帶來的負面經濟衝擊。

　　荷蘭的鬱金香狂熱是史上第一個有記錄的市場崩盤，整個過程的分析可以套用於1998到2001年的網路泡沫，或是任何其他金融泡沫上。在鬱金香熱結束後的數十年，這種花從上層階級的地位象徵變成廣為運用的裝飾性植物，將近400年後的今天仍是如此。而全世界將近80%的鬱金香仍來自荷蘭。

精華摘要

- 17 世紀黃金年代的荷蘭經濟榮景時,鬱金香成為一種新的、富裕上層階級專屬的地位象徵。
- 從 1634 到 1637 年,價格飆漲逾 50 倍。荷蘭許多人都染上了鬱金香的投機熱。
- 在泡沫破滅前,鬱金香球莖的價格相當於阿姆斯特丹的一棟房子。然後到了 1637 年 2 月,泡沫破滅。價格重挫 95%。
- 鬱金香熱是史上第一個被詳細記錄的市場崩盤。過了將近四個世紀,這仍是史上最大的金融泡沫,比 2000 年的網路泡沫還要大得多。

第 2 章
堂島米會所與「相場之神」
1750 年

18 世紀時,
稻米期貨合約被引進日本的堂島米會所。
商人本間宗久因為對市場的眼光精準而贏得
「相場之神」（譯注：即投資或投機大師）的封號,
而他也成為日本最富有的人。

「60年來日夜不停的工作，讓我逐漸對市場波動有了深入的瞭解。」

——本間宗久

江戶時代始於 1603 年，日本享受了史上最長、不間斷的承平時期，在這段期間，國內貿易和農業興盛。堂島米會所於 17 世紀末成立於大阪，隨後的 100 年，大阪成為日本的稻米交易中心。在堂島米會所，稻米可用於交易別的產品，例如絲綢或茶葉。當時還沒有一種通用的貨幣，但是稻米被普遍接受為支付方式（例如，稻米可以用來繳稅）。

由於日本諸侯的財務需要，各倉庫開始接受保證未來支付的憑單，而不是實際商品，許多地主會將未來好幾年的收成作為擔保。很快的，交易憑單就與堂島米會所的實體稻米交易脫鉤；一種靈活的交易方式稱為稻米券應運而生。逐漸地，稻米券遠超過稻米的生產量。到了 18 世紀中葉，將近四倍稻米的生產量是以稻米券的方式交易。

1750 年，時年 36 歲的本間宗久接手家族的稻米交易公司。身為日本西北部大片稻田的地主，本間的專長就是穀物的交易。他一開始專注從事酒田的交易活動，也就是他家族的所在地，後來才搬到大阪。

1749 年，大阪交易的稻米量約為十萬捆，但同時全日本只有三萬捆稻米的量。

> **稻米券是什麼？**
>
> 稻米券是標準化的形式，承認將於未來交付稻米，而且價格、數量和交貨日期都已訂定。如果市價高於當初同意的價格，那麼買方就能獲利。如果稻米價格低於合約價，買方就蒙受損失。稻米券是世界上已知最早的標準化大宗商品期貨，而堂島米會所也可以視為第一個大宗商品期貨交易所，早於阿姆斯特丹、倫敦、紐約和芝加哥引進的交易。

本間開始在此交易稻米券，而且為了盡快獲得酒田實際收成的資訊，他創造了自己的訊息系統，涵蓋範圍約 600 公里。他家族的稻田為他提供了有用的內部資訊。除此之外，本間可能是第一個利用歷史價格波動來進行分析的人。

他發明的圖表後來被稱為蠟燭圖（譯注：又稱為 K 線圖），至今仍被廣泛使用。相較於線條圖，「蠟燭圖」能顯示一天的開盤和收盤價，還能追蹤當日價格的高低點。本間相信，只要分析歷史價格波動，就有可能找到重複的模式並讓他從中獲利。

接下來發生的事是個傳奇事件：本間似乎比競爭者掌握了更多背景資訊，連續好幾天在堂島米會所向本地農民買進愈來愈多稻米。他一再地從口袋中拿出一張紙，盯著上面看起來像是蠟燭的符號。到了第四天，一名來自鄉間的使者抵達大阪，他帶著因為暴風雨導致農作物歉收的消息。堂島米

圖 1　稻米，美元／每英擔蠟燭圖，2016 年，芝加哥期貨交易所（CBOT）。資料來源：彭博，2019 年。

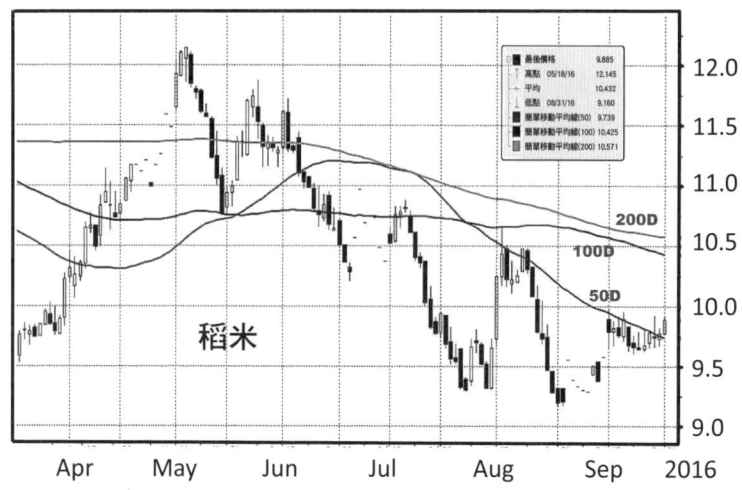

會所的米價爆漲，但幾乎沒有米可以賣。

　　僅僅幾天之內，本間就控制了全日本的米市，而變得富可敵國。在堂島米會所成功之後，本間搬到江戶（東京的舊稱）且地位持續提升，最後得到了「相場之神」的封號。他後來晉升成為貴族，擔任日本政府的金融顧問。本間於1803 年過世。在他發明蠟燭圖近 200 年後，投資人和交易商才再次發現這種圖然後廣泛地使用於交易中。

精華摘要

- 貿易商本間宗久在 1750 年時,憑恃著他對市場的知識買進實體稻米以及收購稻米券,以壟斷日本米市交易。
- 他贏得「相場之神」的稱號,而且成為全日本最富有的人。
- 本間宗久發明的蠟燭圖,至今仍使用於金融與技術分析。

第 3 章

加州淘金熱

1849 年

淘金熱！光是 1849 年一年，
就有約十萬人受到驚人的財富吸引而湧入加州。
隔年加州產出的黃金價值超越了美國聯邦總預算。
因為擁有這個寶藏，
加州於 1850 年成為合眾國的第 31 個州。

「黃金！黃金！來自美國河的黃金！」

——山繆・布拉南

雖然現在的人很難理解，但是在1848年之前，加州是個不宜居住的偏遠地區，居民大部分是西班牙和北美原住民的後裔，即墨西哥人。少數的歐洲移民之中，有一位德裔瑞士移民名叫約翰・奧古斯特・蘇特（John Augustus Sutter），他經營的公司破產後，就離開了瑞士的妻子兒女搬來美洲西部。此時他擁有沙加緬度谷大片的土地，他將此地稱為新海維提卡（Nueva Helvetica）。

蘇特在美國河與沙加緬度河的匯集處打造了一座堡壘，並且在美國河的南側靠近柯洛瑪村（Coloma）附近建立一座鋸木廠。1848年1月24日這天，其中一位木匠詹姆士・威爾森・馬歇爾（James Wilson Marshall）在這裡的河床發現一個金塊。蘇特和馬歇爾試著保守這個祕密，同時慢慢買下愈來愈多土地。但是這麼驚人的發現不可能維持祕密太久，因為蘇特雇用的員工開始用他們發現的黃金購物。

事情很快就失控了。柯洛瑪的一位商店老闆山繆・布拉南（Samuel Brannan）帶著裝滿金塊的瓶子到舊金山。他在這裡的街道上揮舞著瓶子並大喊：「黃金，美國河裡的黃金」，以吸引人們注意他的生意，而他正好有銷售探勘設備。加州淘金熱就這麼開始了。

1848年只有六千人來尋找黃金。隔年才是淘金熱潮開始的時候。當發現黃金的消息傳開來，世界各地的淘金者都

趕來加州。1849年時，將近十萬人來到加州尋找財富和快速致富的機會。其中也有來自亞洲的人。愈來愈多中國人來到他們口中的「金山」。

人數之眾令人咋舌。1848年，加州的人口不到一萬五千人。到了1852年，也就是初次發現黃金後的四年，人口爆增了十倍。舊金山從1848年不到一千名居民到1850年有兩萬五千名居民。到了1855年，超過三十萬人冒險來此尋找黃金，而這裡有很多的商人可以提供淘金者服務，或是占他們的便宜。

探勘設備價格飆漲十倍。山姆・布拉南在柯洛瑪每個月都能賺進15萬美元。但是致富的夢想仍讓礦工流連河床上淘洗黃金。如果成功了，他們就能賺進東岸工人日薪20倍的收入。在許多情況下，在金礦場辛苦工作六個月就能讓淘金客賺進相當於「正常」工作六年的收入。而加州的全年黃金產量在1851年增至77公噸。

這麼多黃金的價值超越了美國當時的國內生產毛額。但許多礦工賺了錢卻留不住。因為礦場位處偏遠，商人會以高價賣出產品，而酒館的老闆則是靠賣酒和博奕大發利市。事實上，淘金熱期間真正受益的人是像山繆・布拉南這樣的商人。其中最著名的大概就是李維・史特勞斯（Levi Strauss）。生於德國的史特勞斯在舊金山開店，當他發現淘金客需要布質堅韌的褲子以方便工作時，他便用帳蓬布料來滿足顧客需求，牛仔褲就這麼誕生了。

> **電影裡的淘金熱**
>
> 隨著柯恩兄弟執導的《險路勿近》（No Country for Old Men）以及昆汀塔倫提諾的《八惡人》（the Hateful Eight）電影的上映，近年來電影圈又重新興起西部片熱潮。淘金熱曾經是熱門的電影題材。最著名的可能是經典的卓別林默片《淘金記》（The Gold Rush，1925），片中描繪他以流浪漢的角色參與克朗代克淘金熱（Klondike Gold Rush）。
>
> 本片於 1942 年重新上映，仍是卓別林最受推崇的作品之一。較近期的有湯瑪士・阿斯藍（Thomas Arslan）於 2013 年推出的《北國淘金夢》（Gold）：劇情聚焦在一小群德國移民，在克朗代克淘金熱高峰 1898 年夏季前往英屬哥倫比亞北路不毛之地尋找黃金。

光是 1849 這一年就有將近十萬人來到加州。到了 1855 年，更有多達三十萬新移工來此。

由於財富和人口增加，加州的政治重要性也跟著提升。1850 年時，「黃金州」被納入合眾國。但是這樣的榮景並不會永遠持續。大約在 1860 年時，容易開採的黃金蘊藏已經耗盡，許多城市因此被遺棄。僅十年前才成立的哥倫比亞市的人口，從兩萬人遽減至五百人。大城鎮現在成了鬼城。

接下來的 50 年，加州淘金熱的模式不斷在其他地方重

新上演。在 1851 年的淘金熱後，澳洲人口在十年內爆增了十倍，澳洲從英國的罪犯殖民地開始變成有點文明的地方。1886 年時，南非德蘭士瓦的比勒陀利亞南部的維瓦特斯蘭發現了黃金，德蘭士瓦成了全世界最大的黃金生產地。

1896 年時，阿拉斯加的克朗代克河上發現黃金，帶動克朗代克河和育空河匯集處的城鎮興起，例如道森市的人口在兩年內就從五百人爆增至三萬人。

至於加州，當年蘇特的聚居地最後發展成為加州的首府沙加緬度。舊金山美式足球隊的名稱 49 人隊，就是在紀念 19 世紀的大批淘金客浪潮。

而約翰・奧古斯特・蘇特後來又如何？他於 1880 年過世時身無分文。

精華摘要

- 德裔瑞士移民約翰・奧古斯特・蘇特和詹姆士・威爾森・馬歇爾發現黃金，引發了全球性的淘金熱潮。但是發大財的並非淘金客，反而是賣設備和服務給他們的商人。
- 1849 年的加州淘金熱啟動了一股龐大的移民潮，光是那一年就有十萬人來此。
- 黃金的發現加速了加州的開發，最後在 1850 年成為合眾國的一州。
- 淘金熱的模式在澳洲、南非和育空都曾經上演過。

FROM TULIPS TO BITCOINS
A History of Fortunes Made and Lost in Commodity Markets

第 4 章
小麥：老赫的發財手段
1866 年

芝加哥期貨交易所成立於 1848 年，
綽號「老赫」的班傑明‧
赫奇森後來因為成功地壟斷小麥市場而聲名大噪，
短暫地控制整個市場並獲利數百萬。

「你有聽到查理說的話嗎？查理說我們是慈善家！我的天啊，我們是賭徒！你是賭徒！我也是賭徒！」

——班傑明・赫奇森

《小麥的囤積》（A Corner in Wheat）是1909年一部美國默片短片，故事敘述一個貪婪的大亨想要壟斷全球的小麥市場，毀掉買不起麵包的人們的生活。這部經典影片的背景設定在芝加哥期貨交易所裡的小麥投機交易廳，故事改編自法蘭克・諾里斯（Frank Norris）的一部小說《壟斷交易》（The Pit）和一個短篇故事《小麥交易》（A Deal in Wheat）。《小麥的囤積》於1994年獲國會圖書館入選美國國家電影保護局典藏影片，因為它具有「文化、歷史或美學重要性」。

因為大量的穀物被送往芝加哥並在此地建立了愈來愈多的倉庫以配合供需，芝加哥已成為19世紀美國中西部的農產品集散地。由於農作物的價格定期面臨壓力，所以芝加哥期貨交易所於1848年成立了。

班傑明・彼得斯・赫奇森（Benjamin Peters Hutchinson），綽號「老赫」，是第一個壟斷小麥市場的人而聲名遠播。1829年生於麻薩諸塞州，老赫於30歲時搬到芝加哥，開始交易農作物並成為芝加哥期貨交易所的成員。

1866年，赫奇森認為小麥會歉收，那年的五月到六月，他在現貨市場和期貨市場都增持部位。據稱他的平均實現價格是每英斗88美分。然後到了八月時，因為交割農作物給

芝加哥的伊利諾、愛荷華和其他州的收成量都低於平均，價格於是開始穩定上揚。到了8月4日，小麥的價格約在每英斗90到92美分之間。

放空的人很快就發現，小麥的產量不夠讓他們實現交割的義務。（放空者的策略是在季初時賣出合約；他們假設在收成季時價格會面臨下跌壓力，那他們就能平倉部位獲利。）

到了8月18日時，赫奇森對實體市場嚴格的控制，已經將價格逼升至1.87美元。他已經成了有錢人。然而，加芝哥期貨交易所宣佈，收購期貨合約同時試圖防止實物交割是違法的行為。

1888年時，赫奇森看到另一個賺錢的投機機會。他在春季時於現貨市場買進小麥，並買進愈來愈多九月到期交割的期貨合約。芝加哥市的倉儲量約為1500萬英斗，而赫奇森透過現貨市場控制芝加哥大部分的小麥。

9月22日小麥價格突破1美元的心理價位。

在此之前幾年，他的平均實現價格低於每英斗90美分。但這一次，老赫面對強大的賣空團體，包括約翰・庫達希、艾德恩・帕德里奇和奈特・瓊斯；他們想挑戰他九月交割的合約。

直到八月，小麥的價格維持在每英斗90美分。但是老赫的直覺又對了。霜雪破壞了大量當地的農作物。而歐洲因

> **大宗商品期貨**
> **交易所是什麼？**
>
> 著名的「芝加哥期貨交易所」成立於1848年，是世界上最早成立的大宗商品期貨交易所。每個期貨交易所的功能在於提供流動性以及一個集中市場，讓買賣雙方處理標準化的合約（期貨與選擇權），並於未來進行實物交割。在芝加哥期貨交易所，這些實物交割的東西主要是農產品，例如小麥、玉米或豬肉。2007年時，芝加哥期貨交易所和芝加哥商品交易所（Chicago Mercantile Exchange，CME）合併成為芝加哥商品交易所集團。十年後，芝商所在大宗商品交易項目中引進比特幣期貨交易。

為意外發生大量農作物歉收，使得小麥進口需求也增加。此時價格開始上揚，到了9月22日，價格突破1美元重要的心理防線。

期貨合約到期前一天，價格攀升至1.5美元。赫奇森將最後結算價訂為2美元。

9月27日，九月合約到期前，小麥價格升至1.05美元，然後再漲至1.28美元。選錯邊的市場參與者開始恐慌，賣空者被迫回補空頭部位，也就是所謂的「軋空」。由於有現貨市場的部位，老赫控制著小麥的價格。到期前一天，9月29日他以1.5美元的價格出售給大量作空者，並提高結算價

至 2 美元。以他的平均實現價格來計算，赫奇森一定實現了大約 150 萬美元的獲利。

但是他的投機操作並沒有見好就收。在接下來的三年，赫奇森就把獲利回吐，最後賠光了所有的財富。

精華摘要

- 班傑明‧彼得斯‧赫奇森，綽號「老赫」，是農作物交易商，他在現貨市場買進小麥，並在芝加哥期貨交易所收購未來交割的期貨合約。在 1866 年和 1888 年，藉著壟斷芝加哥的小麥市場，他的財富在短短幾周內倍增，讓他賺進一大筆財富。
- 芝加哥期貨交易所成立於 1848 年，是現今最古老的大宗商品期貨交易所之一。交易所後來宣佈透過同時買進現貨與期貨來壟斷市場是違法行為。
- 芝加哥期貨交易所和芝加哥商品交易所於 2007 年合併成芝加哥商品交易所集團。

第 5 章
洛克斐勒與標準石油
1870 年

美國內戰觸發第一次石油榮景。
這段期間，約翰．洛克斐勒成立了標準石油公司。
在幾年內透過積極的商業策略，
從生產和處理到運送和物流，
他主導了整個石油市場。

「競爭是罪惡」

──約翰・洛克斐勒

比起用鯨魚油製造燈用煤油，從煤碳或原油中生產石油比較便宜，普遍被視為現代石油產業的開端。1859年8月27日，艾德恩・德雷克上校在賓州提塔斯維爾鎮發現一處值得開採的原油蘊藏。兩年後展開的美國內戰後來引爆賓州第一次石油榮景。油價漲至每桶逾100美元（換算成現值）。

鑽油平台很快就遍佈賓州西北部各地的農場，在油井附近以及前往匹茲堡和俄亥俄州克里夫蘭市的交通路線上，建立起了數百座小型煉油廠，這些城市都位於主要的鐵路交會處：紐約中央鐵路公司（New York Central）與伊利鐵路（Erie Railroad）通往克里夫蘭，而匹茲堡則是賓夕法尼亞鐵路上重要的東西向聯軌站。這些鐵路上載運的主要貨物仍包括了農作物和工業用產品，但是石油產品的量正在迅速增加。

1863年，24歲的約翰・戴維森・洛克斐勒（John Davison Rockefeller）在克里夫蘭和他的弟弟威廉一起成立一間小型煉油廠。身為貧窮的德國移民之子，約翰在學時曾擔任洗碗工，畢業後成為會計師。儘管市場波動很大，洛克斐勒的公司營運仍非常順利而且獲利豐厚。石油榮景導致產量大增，使石油這個大宗商品的價格從1861年的每桶20美元跌到只剩下10美分。然而，美國內戰結束一年後，1866年時油價又上漲至逾1.50美元。

洛克斐勒和弟弟威廉於1866年成立了第二間煉油廠，

圖2　1861至2018年原油價格，美元／每桶（2015年為真實價格）。

資料來源：《英國石油公司世界能源公司統計年鑑》，2019年。

到了1870年，他重整公司並命名為標準石油公司（Standard Oil Company）。一年後，洛克斐勒和其他煉油廠老闆聯合向鐵路經營者取得折扣價。此外，他們的聯合還導致了1872年的石油大戰。

那一年的年底，洛克斐勒接手國家煉油廠協會（National Refiners Association）主席的位子，他代表著全美國80%的煉油廠。他繼續積極地推動標準石油公司的成長，到了1873年，他已經收購或是控制賓州幾乎所有的煉油廠。

1875年到1878年，洛克斐勒走遍全美國以說服15間全美最大的煉油廠加入標準石油公司。較小型的公司必須聽

> **從原油到超市裡包住小黃瓜的保鮮膜**
>
> 煉油廠將原油的各種成份分開，例如輕燃油和重燃油、煤油和汽油。只要再多幾個步驟，還可以從石油中分解出烷烴和烯屬烴。原油最重要的用途仍是提煉石油，直到 1920 年代汽車的大量生產為止。雖然亨利・福特（Henry Ford）雖然原本打算用乙醇作為汽車的燃料，但是洛克斐勒家族身為標準石油公司的創辦家族，則是成功地推動用汽油作為汽車燃料。
>
> 到了今日，石油仍是所有工業社會中最重要的能源來源，以及許多化學產品的基礎，例如肥料、塑膠和油漆。雖然原油產品中有四分之三用於交通運輸，但電動車輛仍需要至少數十年才能挑戰原油的霸主地位。

話，否則只能消亡。例如，成立於 1866 年的真空石油公司（Vacuum Oil Company）就付之一炬。其他創業者則將公司以不到市值一半的價格賣給洛克斐勒。最早在 1882 年時，標準石油就控制了全美國超過九成的煉油業。

接下來公司開始轉向輸油管和配送網路。洛克斐勒打造自己的銷售管道，逼其他交易網路退出市場。到了 1882 年底，全國石油交換所在紐約開始營業，以促進石油期貨的交易。

最後，標準石油控制了美國幾乎所有原油價值鏈——從石油的生產到處理、運輸和物流——並開始延伸其霸主的**觸角**至全球石油市場。

> 到了1913年時已累積了九億美元財富的洛克斐勒,是人類史上最富有的人,也是美國夢的象徵。

洛克斐勒將公司轉型,因而得以延緩他的帝國瓦解。但是他積極的公司策略最後導致美國第一次反壟斷立法。1911年時,最高法院下令分拆標準石油。結果,公司股價應聲重挫。不過,洛克斐勒仍得以買回大量的股份,在接下來的幾年內令他更富有。第一次世界大戰、愈來愈機動產品,以及工業化程序加速,全都導致對石油的需求迅速成長。

標準石油最後被分拆成34間公司,現在的艾克森美孚(ExxonMobil)和雪佛龍(Chevron)就是分拆後所產生的石油公司。原始公司分拆後的其他部分,後來被清算或是被其他石油與瓦斯公司吸收。

1913年時,約翰・D・洛克斐勒的總財富預估達九億美元,相當於現今的三千億美元。根據《富比世》雜誌的資料,這是亞馬遜創辦人兼執行長傑夫・貝佐斯(Jeff Bezos)離婚前私人財富的兩倍。

約翰・D・洛克斐勒的兒子尼爾森(Nelson)差一點就當上美國總統,並於1974年到1977年擔任副總統一職。約翰・D・洛克斐勒的最後一位孫子大衛・洛克斐勒(David Rockefeller)於2017年辭世。直至今日,洛克斐勒這個名字仍是龐大的財富與慈善的象徵。

精華摘要

- 美國內戰引發史上第一次原油榮景。1861年時油價飆漲超過每桶100美元（換算為現值）。
- 約翰・D・洛克斐勒成立標準石油公司，不只控制了美國的原油市場，還稱霸全球市場。
- 汽車工業的興起與工業化促進所有開發中國家進入石油年代。
- 從洗碗工到億萬富豪，卓越的約翰・D・洛克斐勒就是美國夢的象徵。即使到了2019年，他的姓氏仍是富可敵國的代名詞。
- 雖然標準石油被分拆，但分拆後的艾克森美孚與雪佛龍至今仍繼續營運。

第 6 章

小麥：芝加哥大火

1871 年 10 月的芝加哥大火對該市造成嚴重的破壞，
且有超過十萬人無家可歸。
小麥的倉儲容量也大大減少。
交易員約翰・萊恩認為這是大賺一筆的機會。

「消防員不是一種職業；而是一種使命。」
——影集《芝加哥烈焰》（Chicago Fire）

1871 年的夏季，美國中西部的陽光普照。在芝加哥各地，從 7 月到 10 月只下了 3 公分的雨。水資源幾近枯竭，小型火災頻傳。10 月 8 日當天，一間穀倉發生火警，導致後來被稱為「芝加哥大火」的災難。

西南風助長火勢並讓鄰近的房子全都燒了起來。火勢很快就蔓延到市中心，並跨越芝加哥河。大火花了兩天的時間才被控制住，但是已有超過 8 平方公里的範圍和 17,000 間建築被毀。三分之一的居民失去家園。估計損失超過兩億美元。

除了市區的一大部分外，大火還燒毀了芝加哥期貨交易所認可的 17 間倉庫中的 6 間。芝加哥的總倉儲容量從 800 萬英斗降至 550 萬英斗。大量小麥交易商約翰‧萊恩（John Lyon）看到了從中大賺一筆的機會。他和其他交易商，修‧馬赫（Hugh Maher）和芝交所經紀人戴蒙（P. J. Diamond）一起操縱小麥市場。

1872 年春季時，這群交易商開始在小麥現貨和期貨市場買進。小麥價格持續上揚至 7 月初，而合約指定於 8 月交割，每英斗 1.16 到 1.18 美元。7 月初時，每天大約只有 14,000 英斗的小麥運到芝加哥市；到了月底，價格已攀升至 1.35 美元。但是相對的，運送到芝加哥的小麥量也增加。

到了 8 月初，一天約有 27,000 英斗的小麥運抵該市。但運氣仍是站在萊恩這邊。又有一間倉庫付之一炬，而芝加

> **關於小麥**
>
> 不同類型的小麥都是在期貨交易所進行交易。在美國,小麥是在芝加哥期貨交易所和堪薩斯市交易所進行交易,而芝加哥軟紅冬麥(軟麥)的量大於堪薩斯硬紅冬麥(硬麥)。芝加哥小麥的生產地主要是從德州中部一直延伸至五大湖區和大西洋。堪薩斯麥則是主要於堪薩斯、內布拉斯加州、奧克拉荷馬州和德州部分地區種植。
>
> 在芝加哥期貨交易所,小麥的交易是以每英斗美分計算,代號是 W 加上一個字母和數字,以代表最新月份的合約(例如 W Z9 代表 2019 年 12 月交割的小麥)。一口合約是指五千英斗小麥,一英斗為 27.2 公斤。因此,一口合約代表約 136 公噸小麥。

哥市原本就已經緊繃的倉儲量又減少了 30 萬英斗。市場謠言說,氣候不佳導致小麥收成低於平均,將價格進一步推升。這兩個因素在 8 月 10 日將八月期約推升至 1.50 美元。8 月 15 日時價格攀升至逾 1.60 美元。但此時,命運之輪開始轉向了。

由於愈來愈多小麥運抵芝加哥,萊恩被迫放棄。

　　價格高漲激勵農民加速收成:農作物採收直到夜晚。八月的第二周,每天約有 7 萬 5 千英斗的小麥運抵芝加哥;一周後,數量增至 17 萬 2 千英斗。八月底前,每天的交貨量升至將近 20 萬英斗。

因為當地價格高漲，已經從芝加哥運抵水牛城的小麥又回到風城。新開設的倉庫也加入芝加哥的倉儲行列，使倉儲量升至1,000萬英斗，比芝加哥大火前還多了200萬英斗。

為了確保獲利和穩定價格，萊恩和合夥人必須買進所有進入芝加哥的小麥。但是他們已經透過當地的幾間銀行進行槓桿交易，而他們需要的額外資金很快就超出他們的合約了。

8月19日星期一，萊恩必須承認失敗。他已經沒有錢再從現貨市場買進小麥。八月交割的小麥價格下跌25美分。隔天價格又下挫了17美分。跌勢令約翰・萊恩破產，因為他被追繳保證金卻繳不出錢來。他原本試圖操縱市場，結果卻以破產收場。

精華摘要

- 1871年的芝加哥大火造成大規模的破壞，逾十萬人無家可歸。
- 由於穀物倉庫數量遽減，約翰・萊恩身邊的一群投機客看到小麥市場的獲利機會。他們試圖壟斷小麥市場，但是價格攀升也導致運送到芝加哥的小麥量增加。小麥價格原本攀升至1.60美元，隨後崩盤重挫。
- 萊恩和其他交易商繳不出保證金。他們原本試圖操縱市場，結果卻以破產收場。

第 7 章
原油：點石成金的歐納西斯
1956 年

上流社會的指標
亞里斯多德・歐納西斯似乎有點石成金的能力。
這個原本沒沒無聞的小人物，
打造了世界最大的貨物和石油船隊，
並透過建造超級油輪和原油運輸賺進龐大的財富。
歐納西斯和沙烏地皇室家族簽訂獨家契約，
而他也是蘇伊士運河衝突的贏家之一。

「做生意的祕訣在於知道別人不知道的事。」
　　——亞里斯多德·歐納西斯（Aristotle Onassis）

　　2005年12月初，全球最年輕的億萬富豪雅典娜·魯賽爾（Athina Roussel），芳齡20歲的她嫁給32歲的巴西騎師艾爾瓦洛·艾方索·德·米蘭達·內托（Álvaro Alfonso de Miranda Neto）。為了款待一千名出席位於聖保羅婚宴的賓客，而訂購了一千瓶凱歌皇牌香檳（Veuve Clicquot）。雅典娜是歐納西斯家族僅存的子嗣，也是財富的唯一繼承人。她的祖父亞里斯多德「亞里」·蘇格拉底·歐納西斯如果當時還在世，此時就會是百歲人瑞。

　　身為1950、60、70年代上流社會的中心人物，亞里斯多德·歐納西斯的財富來自於建造超級油輪和石油運輸。就像洛克斐勒一樣，歐納西斯這個姓氏成為財富的代名詞。但是他的崛起之路並非一帆風順。

　　歐納西斯家族原本是因為菸草貿易致富。里亞的父親在士麥拿（Smyrna）擁有一個十艘船的船隊。亞里受過良好的教育。16歲時他就已經會說四種語言——希臘語、土耳其語、英語和西班牙語。然而，土耳其於1922年重新奪取自一戰以來就由希臘統治的士麥拿（土耳其稱為伊茲密爾Izmir），歐納西斯家族只好逃亡。他們被迫拋下一切。身無分文的歐納西斯全家移民至阿根廷，並靠著進口菸草賺錢。他本人偶爾也要工作以維持生計。

1930年的全球經濟危機，為歐納西斯帶來了誘人的大規模原油運輸商機。

1930年代的經濟危機提供歐納西斯家族機會，運送大量的原油。有傳言說加拿大國家蒸汽船公司（Canadian National Steamship Company）面臨嚴重的財務困境，將出售多艘貨船。歐納西斯用他所存下來的錢，以12萬美元收購六艘老舊的船，只有當時價值十分之一。

歐納西斯以這個大膽的舉動，為他的帝國奠定了基礎。隨著後來的經濟復甦，收購案很快就開始有所回報。第二次世界大戰開始時，歐納西斯的船隊已增至46艘貨船和油輪，而他將船隻出租給盟軍獲利。

在戰時，歐納西斯的船隻換成中立的巴拿馬旗幟，所以沒有受到海軍戰事的影響。因為戰事而損失的貨船愈來愈多，他的船隊費用也漲得更高，為歐納西斯創造獲利的金礦。戰後他擴充船隊成為全球最大的私人商船隊，到了1950年，他向德國霍瓦爾德（Howaldt）造船廠訂購世界上最大的油輪，長達236公尺。

但48歲的歐納西斯直到1954年春季才開始有真正的突破。他透過不太光明正大的人脈和朋友，和沙烏地阿拉伯皇室家族達成有利的協議。歐納西斯不只獲得為沙烏地國王獨家運送原油的權利，而且他每個月還要為該國提供一艘新的超級油輪，還能參與原油的銷售。歐納西斯和沙烏地阿拉伯共同設立了沙烏地阿拉伯油輪公司（Saudi Arabian Tanker

> **亞里和女人**
>
> 亞里斯多德・歐納西斯和雅典娜「蒂娜」・利瓦諾結婚時,就和希臘另一個事業龐大的船東家族結合。但是因為他和歌劇名伶瑪麗亞・卡拉絲(Maria Callas)長期的婚外情,導致他在 1950 年代離婚,卡拉絲也為了歐納西斯與丈夫分手。歐納西斯於 1968 年迎娶美國前總統約翰 F. 甘迺迪(John F. Kennedy)的遺孀賈桂琳・甘迺迪(Jacqueline Kennedy)。當時歐納歐納西斯已經 62 歲,而賈桂琳比他小了 23 歲。因為她豪奢的旅遊和購物習慣,讓歐納西斯暱稱她為「超級油輪」,因為她花掉他的錢將近一艘超級油輪的價值。

Company),目標是建造 25 到 30 艘油輪以運送該國 10% 的原油。

根據皇室諭令,阿拉伯美國石油公司(Arabian American Oil Company,Aramco)必須使用沙烏地阿拉伯的船隻來運送之前租船運送的石油。阿拉伯美國石油公司是標準石油(紐澤西)、加州標準石油、史科尼真空和德州公司的合資企業,從 1933 年起就和伊本・沙德(Ibn Saud)國王達成特許協議,負責全球石油產量的近 10%。沙烏地阿拉伯生產的石油近一半是透過管線運到黎巴嫩;另一半則是由油輪運輸。在油輪市場中,四成的原油是用阿拉伯美國石油公司自己的油輪運送;剩下的六成則是使用租用的船隻。

> 蘇伊士運河衝突為歐納西斯帶來龐大的獲利機會。

打入這個體制的歐納西斯為自己招來一些勢力強大的敵人。美國試圖阻礙這個協議以確保自己的影響力，而1950年代歐洲的石油供應有90%來自中東，而中東最大的產油國就是沙烏地阿拉伯，所以歐洲對於歐納西斯達成的協議也不甚熱衷。沙烏地阿拉伯的協議最後沒有成功，沒有了新的貨運訂單，歐納西斯的船隻在只好停世界各地的造船廠。希臘船王的帝國開始崩解。但是1956年的蘇伊士危機拯救了他。

隨著原油的經濟重要性提升，歐洲國家愈來愈依賴蘇伊士運河，將燃料從生產國運送過去。但是新的埃及總統賈邁・阿布杜拉・納瑟（Gamal Abdel Nasser）與以色列以及控制蘇伊士運河的法國和大英帝國之間的衝突正在加劇。埃及阻擋阿卡巴灣（Gulf of Aqaba）和蘇伊士運河前往以色列的航運；然後在1956年7月26日，納瑟將蘇伊士運河國有化。

英國首相安東尼・伊頓（Anthony Eden）和以色列與法國合作，以「火槍手行動」做為反制。10月29日，以色列入侵加薩走廊和西奈半島，很快地向運河推進。兩天後，英國和法國開始轟炸埃及的機場。

雖然埃及軍隊很快就被打敗了，到了1956年12月22日，沉沒的船隻持續堵塞蘇伊士運河水道直到1957年4月。

這場危機為亞里斯多德・歐納西斯帶來救贖。由於其他

船東沒有空間可以運送石油，而有超過 100 艘閒置的油輪而且幾乎完全沒有競爭對手，他得以將運價提升一倍，再次賺進一大筆財富。1973 年的六日戰爭也提供了類似的機會，然後在 1973 年的石油危機，歐納西斯的奧林匹克海運公司（Olympic Maritime Company）獲利超過一億美元。

亞里斯多德・歐納西斯透過原油運輸獲得財富。他因為豪奢的生活方式以及和賈姬・甘迺迪的婚姻，而成為社會名流。

到了此時，歐納西斯的總私人財富估計超過十億美元。他的事業生涯也將生意多元化：他在日內瓦收購銀行、成立奧林匹克航空公司（Olympic Airways）、在紐約第五大道建設奧林匹克塔（Olympic Tower），以及下希臘的天蠍島（Skorpios）。歐納西斯後來喜歡上摩納哥，這裡原本是個沉悶、無趣的小地方，直到他改變摩納哥。歐納西斯在蒙地卡羅買下美觀的飯店和數十間房子和別墅，打造公共設施和海灘俱樂部，並重新翻修海港和賭場。

他在私人遊艇上舉辦傳奇性的聚會、邀請的賓客包括甘迺迪總統及夫人、邱吉爾、海明威和商界、政界與好萊塢的其他上流社會人士。歐納西斯甚至促成摩納哥的雷尼爾親王與美國演員葛莉絲凱莉的相識，幫助摩納哥成為歐洲富豪與美女的天堂。

精華摘要

- 亞里斯多德「亞里」·蘇格拉底·歐納西斯靠著他的油輪船隊運輸原油,以及他和沙烏地皇室家族極佳的人脈而致富。
- 1956年的蘇伊士危機和1970年代的石油危機令他獲得龐大的利益。
- 歐納西斯和歌劇名伶瑪麗亞·卡拉絲的一段情,以及他與約翰 F. 甘迺迪的遺孀賈桂琳·甘迺迪的第二段婚姻,使他成為國際知名人物。
- 歐納西斯以超過十億美元的私人財富支持摩納哥的雷尼爾親王,並將摩納哥打造成富豪與美女的聚集地。

第 8 章
大豆：紐澤西的捉迷藏
1963 年

大豆油引爆了美國 1963 年的信貸危機。
原本壟斷大豆市場的企業最後以混亂作收，
令許多企業陷入破產，
並導致 1 億 5 千萬美元的損失
（換算成現值約 12 億美元）。
其中受害者包括美國運通、
美國銀行和大通曼哈頓銀行。

「你造成許多美國同胞巨額的虧損！」
──美國聯邦法官，雷尼爾・沃頓戴克（Reynier Wortendyke）

乍看之下這好像好萊塢電影的情節：工人用裝滿清水的油桶騙過倉庫的檢查員，以隱瞞美國史上最大的信貸詐欺案。這全都是試圖壟斷大豆市場的舉動之一，這個脆弱的結構崩塌，導致超過1億5千萬美元（相當於現在的12億美元）的損失，而影響觸及所有的美國企業。

這場災難的中心是聯合原植物油公司（Allied Crude Vegetable Oil）是一間紐澤西的公司，老闆是安東尼（又名提諾）・德・安捷利斯。到最後，整場陰謀的展開就像是2008年雷曼兄弟銀行破產那樣：1963年11月的某個晚上，華爾街券商伊拉赫普特公司（Ira Haupt & Co.）的一群員工包括執行合夥人摩頓・卡默曼（Morton Kamerman），坐在會議室裡和安東尼・德・安捷利斯通電話。

談話愈來愈激烈，德・安捷利斯指控卡默曼毀了他的公司。卡默曼並不負責他公司的大宗商品交易，但是他知道德・安捷利斯是他最大的客戶之一。赫普特公司的合夥人迫切地尋找有沒有人願意買下大量的大豆油，但是沒有成功。隔天早上，卡默曼更瞭解他公司的大宗商品業務。同時他也瞭解到，赫普公司是因為聯合原植物油公司無法償還債務而破產。

安東尼・德・安捷利斯於1955年創立了聯合原植物油公司，向政府收購補助的大豆，處理以萃取大豆油然後將產

> **關於大豆**
>
> 大部分用於壓榨以萃取大豆油和豆粕的大豆,主要是從美國的「玉米帶」(伊利諾州和愛荷華州)、巴西和阿根廷生產和出口。這些國家占全球大豆收成量的八成,約 2 億 1 千 5 百萬公噸。全球大部分的生產過程中,會先萃取大豆油,然後剩餘的部份則做為牲畜的飼料。大豆、豆粕和大豆油是在芝加哥期貨交易所進行交易,代號為 S、SM 和 BO 加上指標合約月份(例如 S F0 代表「大豆 2020 年 1 月」)

品出售至國外。他生於 1915 年是義大利移民之子,成長於紐約布朗克斯區。身為大宗商品交易員,他負責交易棉花和大量,並於 1958 到 1962 年間,在紐澤西貝揚建造精煉廠,並租賃 139 個油桶,其中有許多油桶高達五層樓高。

聯合原植物油公司付費給美國運通的子公司美國運通倉儲,租用倉儲空間,以及檢查和油量認證。1962 年時,德‧安捷利斯負責處理美國四分之三的大豆油和棉籽油。但是,為了在高度競爭的產業中為公司提供快速成長的資金,他借的錢愈來愈多,使得槓桿愈來愈高,並且主要以他生產的油做為擔保。

詐欺就從這時開始的:聯合原植物油根本沒有這麼多油量以確保取得貸款。只要美國運通倉儲仔細檢查就會揭發,德‧安捷利斯需要存放的油,比美國農業部每日資料顯示全美國所有的油還要多。

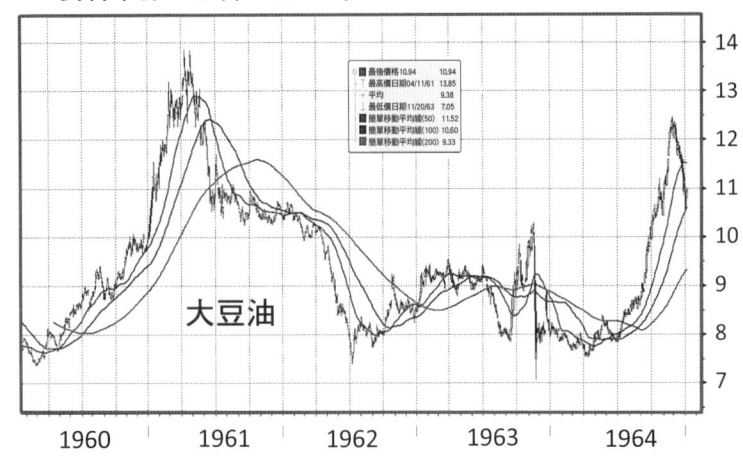

圖3 大豆油價格，1960到1964年，美分／磅，芝加哥期貨交易所。
資料來源：彭博，2019年。

但是，德‧安捷利斯是美國運通最大的客戶。而他的員工欺騙檢查抵押品的人員，他們將油從一個油桶換到另一個油桶，或是將油桶裝滿清水，只有上層浮著一層油。如此一來公司就能繼續取得新的信貸額度。

然而，公司並不是透過擴大經營，而是利用信貸額度炒作芝加哥期貨交易所的大豆期貨。德‧安捷利斯對上漲的大豆投注大筆資金；但他只需要以期貨採購總額的5%做為保證金即可。但是，德‧安捷利斯想要增持部位以壟斷整個市場，就需要更高的信貸額度才行。

他當時已經透過華爾街券商伊拉‧赫普和威利斯頓與比恩（J. R. Williston & Beane）公司交易期貨，而他們都同意以（不存在的）大豆油庫存做為抵押。這兩間公司都是出具

憑單由商業銀行大通曼哈頓和伊利諾州大陸集團（Continental Illinois）融資。

到了1963年中，德‧安捷利斯累積的大豆部位相當於1億2千萬美元，或12億磅的大豆。大豆期貨合約只要跳動1美分，德‧安捷利斯就能獲利或虧損1,200萬美元。他的交易獲利了一段時間。六周內，在1963年的秋季，大豆油的價格從每磅9.20美元攀升至10.30美元。但是11月15日時，因為俄羅斯打算買進更多美國農作物以及市場對此舉的負面反應，導致市場崩盤。聯合原植物油公司也跟著瓦解。

德‧安捷利斯欺騙放款給他的公司，導致相當於現今逾十億美元的虧損。

四個小時內，大豆油價格跌至每磅7.60美元，而芝加哥期貨交易所向伊拉‧赫普特追繳保證金，但這間券商繳不出來因為它的主要客戶德‧安捷利斯沒有錢。即使向美國和英國的銀行再借三千萬美元，也不足以拯救伊拉‧赫普特。威利斯頓與比恩也因為淨值大跌而被迫與沃斯頓公司（Walston & Co.）合併。

大豆市場重挫，拖垮聯合原植物油公司。

聯合原植物油宣告破產，當放款的銀行更仔細地檢視公

司的油桶時,他們確認了裡面只有 1 億磅的大豆油,而不是 18 億磅。這麼大的差額價值約 1 億 3 千萬美元。

受到這場崩盤影響的包括銀行、券商、植物油交易商和倉庫,大型企業例如美國銀行、大通曼哈頓、伊利諾州大陸集團、威利斯頓與比恩、邦吉公司,以及海港油輪倉儲公司,而這只是其中少數的幾個而已。損失最慘重的就是美國運通倉儲的母公司:美國運通面臨 43 間公司提出的法律訴訟,以及逾一億美元的賠償。在新聞播報這件詐欺案後,美國運通股價重挫逾 50%。但這起醜聞並沒有引起太大的注意,因為兩天後,甘迺迪總統就在達拉斯遇刺身亡。

伊拉・赫普特公司的債務高達近四千萬美元,但公司償還不出這筆錢,超過 2 萬個券商客戶受到影響。比這些負債更嚴重的是對美國經濟聲譽的影響。至於安東尼・德・安捷利斯,他於 1965 年因詐欺被判十年徒刑。

精華摘要

- 1963 年,安東尼(提諾)・德・安捷利斯及其公司聯合原植物油公司,是雷曼兄弟在 2008 年倒閉前,最大企業信貸危機的震央。
- 聯合原植物油公司靠著庫存作假以及大膽的詐欺模式,取得龐大的信貸額度,並且重押炒作芝加哥大豆和大豆油期貨價格的漲勢。最終大豆市場在 1963 年 11 月崩盤,

聯合原植物油公司也跟著倒閉。
- 許多間銀行、券商、油交易商和倉儲公司都受到此詐欺案的影響，包括著名的美國運通、美國銀行和大通曼哈頓。
- 然而，兩天後卻因為約翰 F. 甘迺迪總統遇刺，而使這起嚴重的醜聞未受到矚目。

第 9 章
小麥：俄羅斯的熊餓了
1972 年

蘇聯開始大量買進美國小麥，
當地的價格上漲了三倍。
結果，李察・丹尼斯
在大宗商品交易界開啟了突破性的事業。

「如果和狼一起生活,就要像狼一樣行動。」
——尼基塔・赫魯雪夫(Nikita Khrushchev),前蘇聯領導人

  在資本市場的歷史中,1972 年被稱為是「俄羅斯糧食大劫案」(The Great Russian Grain Robbery)。由於農作物歉收,蘇維埃的委員在美國各地盡可能收購農作物。他們的舉動不只是影響了穀物市場,也影響了一位名為李察・丹尼斯(Richard Dennis)的年輕大宗商品交易員的事業。

  1970 年代初期,美國開始廢除金本位制,結果,美元應聲貶值。與此同時,小麥的交易價格將近 1 美元,是史上最低的水準。這並不令人意外,因為小麥生產受到政府的大額補貼。但是,疲弱的美元逐漸讓美國的產品變得更有競爭力,包括許多農作物在內。結果,出口額大增,同時上升的還包括價格:包括穀物的價格也逐漸甦醒。

在資本市場的歷史中,1972 年被稱為是「俄羅斯糧食大劫案」。

  天氣一直是影響農作物價格的主要因素,在經過幾年的豐收後,世界的農作物產量於 1972 年開始減少。不良的天氣條件導致幾個重要農作物生產國的產量減少,包括美國、加拿大、澳洲和蘇聯。相較於 1970 到 1971 年,1973 到 1974 年間澳洲的小麥量大減 93%、加拿大減少 64%、美國減少 59%。庫存達到極低的水準。

圖 4　1970 到 1977 年小麥價格，美分／英斗，芝加哥期貨交易所。

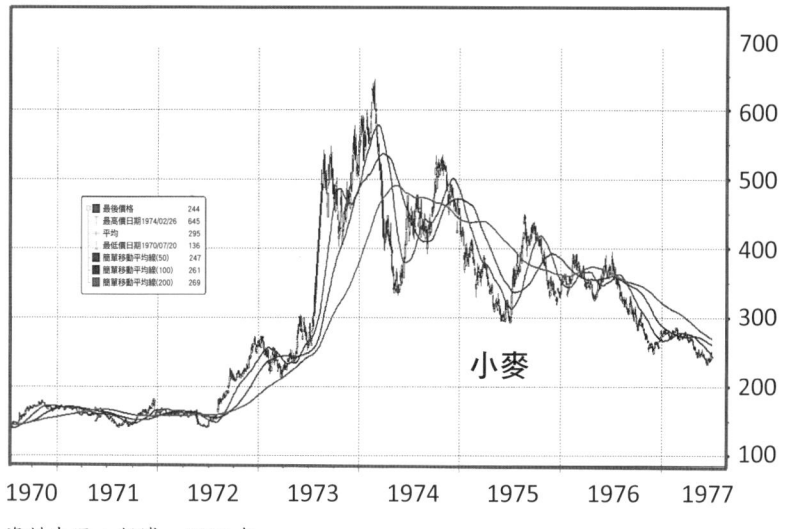

資料來源：彭博，2019 年。

　　1972 年 7 月和 8 月時，蘇聯向美國買了將近 1200 萬公噸的小麥──約為美國產量的 30%──淨值達到 7 億美元。因為農民已經快要無法滿足需求導致價格飆漲，從 1970 年代初的 2 美元漲到 1974 年 2 月時達到 6 美元。與此同時，玉米價格也飆升，從 1.5 美元漲至近 4 美元，而大豆價格更是漲了逾三倍，到了 1973 年 6 月時漲到逾 12 美元的最高水準。

天氣的災難

收成的堪薩斯小麥（硬紅冬麥）主要用於出口，但收成可能受到一年三次氣候波動的影響：深秋時節氣候過於乾熱或過於濕冷都無法播種；冬季時氣溫遽變威脅成長；最後是春季時，降雨導致無法授粉。因此，農作物的品質、數量和價格都會發生劇烈的波動。

價格迅速的波動對年輕的李察・丹尼斯（Richard Dennis）很有利，他曾在芝加哥和路易斯安納州的杜蘭大學就讀，並於1966年17歲時於芝加哥商品交易所（Chicago Mercantile Exchange）工讀。他開始用家人的2千美元進行投機買賣，一開始是在中美交易所（MidAmerica Exchange）買賣小型合約，後來則在芝商所。

1972年時，23歲的丹尼斯發現農產品市場新的趨勢。他把錢押注在小麥價格而且他賭對了。一年後，因為他善用跟隨趨勢的制度，大舉提高部位並持續投資，1973年時他的初始資金增至十萬美元。1974年時，他光是靠大豆就獲利50萬美元，到了當年底，25歲的他已經成了百萬富翁。

蘇聯在1972年進行大肆採購，並於在1977年東歐的農作物歉收時又再進行了一次。

三年後歷史重演。1977年時，時任蘇聯總書記布里茲涅夫（Brezhnev）宣佈，全國小麥收成不到2億噸，市場大

感意外，因為美國農業部與情報單位都預測會是豐收的一年。

此時，蘇聯已經向美國、加拿大、澳洲和印度收購了1,800 到 2,000 萬噸的小麥。不過，根據聯合國糧食與農業組織（Food and Agriculture Organization，FAO）的資料，全球的小麥生產約為 6 億公噸，其中只有一小部分用於全球貿易。由於大部分都是生產國自己消費掉，所以全球貿易相對較小的變動可能導致全球市場的價格劇烈波動。

同時，丹尼斯的事業仍持續看漲。1980 年代初期，他的資本升至 2 億美元。35 歲的他被稱為「交易廳王子」（Prince of the Pit），也是全世界最多人知道的大宗商品交易商。

1983 年和 1984 年間，丹尼斯召募並訓練 21 位男士和 2 位女士進行大宗商品交易。這些交易員後來被稱為「海龜交易員」，因為丹尼斯曾說的一句話「你可以像在實驗室裡繁殖海龜一樣地繁殖交易員」經常被引述。五年後，這些交易員為他賺進 1 億 7 千 5 百萬美元獲利。

精華摘要

- 由於農作物歉收，蘇聯的情報員很快且祕密收購美國小麥總量的三成。1972 年因此成為知名的「俄羅斯糧食大劫案」之年。

- 糧食不足加上蘇聯的收購行動導致農作物價格飆升。小麥價格從 1972 年的 2 美元飆升至 1974 年 2 月的 6 美元，24 個月內即上漲三倍。玉米也從 1.5 美元漲至將近 4 美元，而大豆價格則是在 1973 年夏季漲破 12 美元。
- 年僅 23 歲的李察・丹尼斯發現了農產品市場新的趨勢，並押注小麥價格的漲勢。兩年後，他成了百萬富翁。十年後，他的獲利高達 2 億美元，讓他獲封「交易廳王子」的封號。

第 10 章

金本位制的終結

1973 年

黃金和白銀數世紀以來一直被視為法定貨幣，
但是到了 19 世紀晚期，
白銀逐漸失去貨幣的功能。
黃金則維持貨幣的地位，
直到 1973 年的布萊頓森林體系
（Bretton Woods system）的終結。
由於目前主權國家的債臺高築，
令許多投資人開始考慮投資貴金屬。

「黃金和白銀就像其他大宗商品一樣，有其內在價值，而且這個內在價值不是隨便說說的，其稀有性、必須投入開採的人力，以及運用在礦場的資金都是決定其價值的因素。」
　　——大衛・李嘉圖（David Ricardo），英國政治經濟學家

「你必須選擇…相信黃金的自然穩定性，或是相信政府官員的誠信和聰明才智。雖然我無意批判政府官員，但我建議你，只要資本主意仍持續，還是信任黃金比較好。」
　　——蕭柏納（George Bernard Shaw），知名作家

「只有黃金是錢。其他東西都是信貸。」
　　——J. P. 摩根（J. P. Morgan），摩根銀行創辦人

　　美國鑄幣局（US Mint）於 2011 年 6 月宣佈銀幣售價將較前一個月提高 30%。由於出售超過 360 萬枚鷹揚銀幣（silver eagle），美國鑄幣局已達到生產限制，投資人對銀幣的需求非常高。加拿大皇家鑄幣廠和位於珀斯的澳大利亞鑄幣廠，還有總部位於維也納負責生產維也納愛樂幣（Vienna Philharmonic Coin）的奧地利鑄幣廠，也有類似的情形。

　　2011 年 3 月，報紙頭條宣佈，猶他州考慮重新接受黃金和白銀為法定貨幣。猶他州並不是美國唯一這麼做的州，柯羅拉多、喬治亞、加州、田納西、佛蒙特和華盛頓州，全

都在考慮重新接受價值穩定的黃金。

乍看之下似乎很有趣的事，令許多投資人開始深思。畢竟，使用不連結至黃金或白銀等貴金屬的紙幣是相當近期的實驗。在 1970 年代初期，尼克森總統（President Nixon）於 1971 年宣佈廢除金本位制，且隨著決定固定匯率和所有貨幣可兌換成黃金的布萊頓森林體系的瓦解，金本位制才宣告終結，並由法定貨幣所取代。

法定貨幣是一種沒有內在價值的貨幣，通常是由政府訂定為錢。因此，法定貨幣的實驗只在國際金融市場上進行了不到 50 年的時間。

國際貨幣體系——目前不與黃金和白銀連結的體系——這種形式只存在了不到 50 年。

直到第一次世界大戰前，金本位制一直都是主要的貨幣制度。以純金為標準，貨幣供給額等於一國所持有的黃金。然而，在 1929 年的大蕭條開始時，以及後續 1931 年發生的銀行危機，金本位制愈來愈承受壓力。英國於 1931 年 9 月暫緩將英鎊兌換成黃金（英鎊危機），預示了國際金本位的崩盤。美國也逐漸讓美元貶值，以開始脫離金本位制。

1933 年，小羅斯福總統（President Franklin D. Roosevelt）宣佈私自持有黃金為非法行為，以便政府印更多的鈔票以度過大蕭條。

黃金還是白銀？

從歷史上看來，金本位只是全球金融市場短暫的轉型期。好幾個世紀以來，白銀才是主要的貨幣。大部分的國家採取銀本位或是複本位制。類似於金本位，銀本位制下的一國總貨幣流通量是以白銀做為擔保，而複本位制則另外規定固定的金銀轉換率。在美國許多年來，金銀兌換率為 1 比 16。金銀兌換率顯示需要多少單位的白銀才能兌換一單位的黃金。

金本位和銀本位制都結束後，這個比率從 1:10 到 1:100 之間波動。1980 年代初期，這個比率降至 1:20。1990 年代初期則攀升至略低於 1:100。2009 和 2010 年時，白銀價格升勢遠高於黃金。2008 年底時，80 盎司的白銀可買 1 金衡盎司的黃金，到了 2011 年中時只要 40 盎司的白銀，到了 2019 年則跌落至 1:50。考量到這兩種天然資源以及每年開採的量，長期兌換率應為 1:10。

第二次世界大戰後，全球經濟和政治中心往美國移動。布萊頓森林體系重新組織國際貨幣系統，而以黃金為擔保的美元成為新的全球儲備貨幣。

所有國家的中央銀行都有義務將貨幣以每盎司 35 美元的固定兌換率兌換成黃金。但是從 1960 年代以來，由於美國赤字不斷上升，美國的黃金儲備就開始縮水。社會福利項目以及越戰的財務負擔不斷上升，加速了美國的經常帳赤字、推升通膨並降低國際對美元的信心。

圖 5　金銀兌換比率，1973–2013 年。

金／銀價格比率

資料來源：彭博，2019 年。

　　1970 年第一次發生美國的貨幣供給超越黃金儲備。一年後，1971 年 8 月，尼克森總統停止將美元兌換為黃金（此一事件後來被稱為「尼克森衝擊」），但是直到 1973 年，布萊頓森林體系才正式被推翻並被浮動匯率所取代。此後，金本位制即淡出歷史。

　　到了今天，各國央行以及超國家組織例如國際貨幣基金（International Monetary Fund，IMF）持有 3 萬 3 千公噸的黃金，幾乎是已知開採出來的黃金總量的兩成。

白銀讓位給黃金

由於幾個因素的影響,白銀在19世紀末期逐漸失去正式支付的功能。一方面,由於英國是主要經濟大國,所採用的金本位制得以超越由法國主導的銀本位拉丁鑄幣系統。另一方面,加州和澳洲發現黃金,帶動全世界黃金產量大增十倍,因此壓低了金價,使得金本位制變得更有吸引力。

1871年,德國也改用金本位制。從銀本位或複本位轉換成金本位制,導致白銀的供給過多,並拖累白銀價格數十年之久。

然而,世界的注意力再度聚焦於許多國家的償債能力,包括美國、日本和一些歐洲國家。由於2007年春季時的美國房地產崩跌引發的措施以對抗金融與經濟危機,導致美國債臺高築、貨幣供給額爆增。

主權國家危機加上缺乏信任,將投資人吸引至黃金、白銀和加密貨幣。

全球負債累積至320兆美元,但全球總生產毛額(GDP)只增至80兆美元,而美元的購買力自1971年以來已下降超過90%。不只是一些歐洲國家——葡萄牙、愛爾蘭、希臘和西班牙(被稱為「歐豬國家」,PIGS)——美國也暫時受到國際評等機構調查其信用評等的威脅。面臨著這麼多的問題,黃金和白銀不論是貴金屬還是製成硬幣,雖然已不再是法定貨幣,仍受到投資人的喜愛也就不意外,而且還有比特幣出現成為一種替代貨幣。

以黃金為擔保的加密貨幣，提供法定貨幣之外的另一種選擇。看起來，金本位制度的死灰復燃不是政府組織的決定，而是私人的行為。

精華摘要

- 1933 年，小羅斯福總統頒佈第 6102 號行政命令，宣佈私人持有金條與金幣為非法行為，可處以最高十年有期徒刑。所有私人持有的黃金必須交給聯邦準備理事會，並以每金衡盎司 20.67 美元兌換為紙幣。這項黃金持有禁令一直到 1975 年才被福特總統（President Gerald Ford）取消。
- 二次大戰後，美元被宣佈為世界儲備貨幣，以固定匯率與黃金掛鉤。所有其他貨幣都以美元為基準貨幣（即「金本位制」）。
- 由於美國債臺高築，尼克森總統於 1971 年取消將美元兌換黃金（即「尼克森衝擊」）。
- 隨著 1973 年的布萊頓森林體系的結束，史上最大規模的經濟實驗開始：自由的貨幣制度和浮動匯率，沒有任何抵押品，只有對各國政府的信任。

第 11 章

1970 年代——石油危機！

1973 年和 1979 年

1970 年代時，
世界必須解決 1973 年和 1979 年的全球性石油危機。
中東地區將原油當成政治武器，
而工業化國家原本不擔心
對能源的依賴度愈來愈高以及供給的安全性，
結果經濟陷入一片混亂。

「石油頂峰是指當全球石油開採達到最高峰，之後生產將開始進入最終跌勢。」

──〈石油頂峰〉，維基百科

「正如全球暖化，石油頂峰的基本理論聽起來很對、很合理，但是有一個小問題，那就是數據不支持這個說法⋯這是個迷思。」

──財經資訊網站：seekingalpha.com

　　1973年11月25日星期日，一個駕駛禁令淨空了全德國的高速公路！同一天，丹麥、荷蘭、盧森堡或瑞士幾乎沒有汽車上路。早在一周前，11月19日當天，德國就開始普遍的四周「周日禁開車」禁令，加上高路公路時速100公里、平面道路80公里的速限。值得一提的是：賓士、BMW和奧迪的生產國德國，是現今世界上少數沒有高速公路速限的國家之一。

　　德國人通常很愛車！但這項痛苦的禁令是當時德國政府對「石油危機導致能源價格忽然飆升」所做出的反應。

　　這場危機是中東的阿拉伯國家與以色列之間的衝突造成的，從1970年代開始，衝突就持續加劇。1967年的「六日戰爭」（Six-Day War）時，以色列攻克戈蘭高地（Golan Heights）和西奈半島（Sinai Peninsula），並占領加薩走廊（Gaza Strip）、西岸和東耶路撒冷（East Jerusalem）。阿拉伯國家要求以色列立即撤出占領的地區，而國際也升高對

以色列的施壓。但是以色列忽略可能的報復，埃及提出若歸還西奈半島就簽署和平協議的提議也被忽視。1973 年 10 月 6 日，在「猶太教聖日贖罪日」（Yom Kippur）當天，埃及和敘利亞一起攻擊以色列。

一開始，敘利亞在戈蘭高地和埃及在西奈半島的戰事都有成果。然而，美國以強大的軍事資源支持以色列，這個小國終於改變了戰爭的情勢。後來，阿拉伯國家就採取不同的選項。

1973 年 10 月 17 日，石油輸出國家組織決定限制原油供給做為政治武器。

1973 年 10 月 17 日，所有阿拉伯原油生產國展開報復，產量較 1973 年 9 月減少了 5%。它們同時也對被視為以色列密切盟友的美國和荷蘭祭出完全供給杯葛。輸出國的聯盟接著宣佈，他們會繼續限制石油生產直到所有被占領的地區都被「解放」，而且恢復巴勒斯坦人的權利。第一次石油危機正式展開。

直到此刻，西方工業化國家一直活在幻覺中，以為全球能源蘊藏是無止盡的，他們不需要為供給的安全感到擔心。它們對原油的依賴持續提高，所以，忽然的禁運對許多工業化國家的經濟帶來衝擊。例如，德國超過五成的能源需求來自進口石油，而且其中四分之三來自中東。

結果，即使是減少使用量，德國的儲備只能再撐三個

石油輸出國家組織是什麼？

石油輸出國家組織（Organization of the Petroleum Exporting Countries，OPEC）於 1960 年於巴格達由五個創始成員國所成立：伊拉克、伊朗、科威特、沙烏地阿拉伯和委內瑞拉。新的油田開發以及全球供給過剩，導致 1950 年代的油價下跌。因此，石油輸出國家組織的目的就是建立一個共同的原油生產水準，由所有成員國所同意，將全球市場的原油價格維持在固定的目標區間內。石油輸出國家組織也是打破西方石油公司集團「七姐妹」權勢的主要力量。到了 2019 年 3 月時，油國組織共有 14 個會員國——阿爾及利亞、安哥拉、厄瓜多、赤道幾內亞、加彭、伊朗、伊拉克、科威特、利比亞、奈及利亞、剛果、沙烏地阿拉伯、委內瑞拉和阿拉伯聯合大公國，這些國家占全球石油產量約 44%，以及全球「已證實」原油蘊藏量 80%。沙烏地阿拉伯絕對是油國組織成員中最大的原油生產國，2018 年產量為每日 1200 萬桶。

根據國際能源總署（Energy Information Administration，EIA）的資料，油國組織以外最大的產油國包括俄羅斯、美國、中國、墨西哥、加拿大、挪威和巴西。

月，導致人們的恐慌。為了限制用油和降低依賴的程度，歐洲國家開始實施節能措施。它們加強與其他原油供應國的談判，開始開發國內的油源以及替代能源，並實施策略性儲油。

經濟後續效應

第一次油價衝擊,在德國及其他工業化國家造成了停滯性通膨,也就是經濟成長停滯加上物價上漲(通貨膨脹)。能源價格上漲帶動通膨飆升,同時經濟成長減緩:國內生產毛額從 1972 年的 5.3% 縮水至 1974 年的 0.4%,到了 1975 年變成負 1.8%。

許多產業出現產量大幅減少;營建業減少 16%,汽車業減少 18%。德國企業的股價重挫,到了 1974 年 9 月底時,股價比 1972 年 7 月大跌 40%。德國從原本的完全就業到了 1974 年失業率變成 2.6%,1975 年則為 4.8%。

原油供給量減少的衝擊立即顯現:價格開始上揚。1972 年底時,美國原油價格為每桶 3.50 美元;到了 1973 年 9 月時,價格升至 4.30 美元,到了 1973 年底已超過 10 美元。石油輸出國家組織的銷售量從 1972 年的 140 億美元到了 1974 年超過 900 億美元。

1973 年第一次石油危機時,油價從 3.50 美元攀升至逾 10 美元。

把原油當成武器,很快就帶來政治上的成果:1973 年 11 月 5 日,歐洲各國外交部長要求以色列撤出自 1967 年以來占領的地區。油國組織的回應方式是逐漸放鬆供給限制。

但是世界已經變了。即使限制開始放鬆後,油價仍居高

不下,。光是 1974 年一年,德國進口的石油價值較前一年增加逾 150%。

1979 年的第二次石油危機,油價從 15 美元躍升至近 40 美元。

接下來的幾年,原油價格停滯不前,但是 1979 到 1980 年間又開始飆漲。伊朗革命和伊拉克攻擊鄰國伊朗之後,工業化國家再次開始擔心石油供給的安全。1979 年初時,原油價格為每桶 15 美元。12 個月內,價格上漲至將近 40 美元,造成第二次石油危機。兩次石油危機造成的副作用是,危機期間是蘇聯在西伯利亞西部發現石油後獲利最豐厚的期間,以及非油國組織的西方國家開始增加近海原油生產。

油國組織調高一籃子價格至每桶 24 美元,一籃子價格是指油國組織成員生產的石油價格平均;利比亞、阿爾及利亞和伊拉克甚至要賣到每桶 30 美元。1980 年時,油國組織的價格漲至高點,利比亞的售價是 41 美元、沙烏地阿拉伯 32 美元,其他國家是 36 美元。然而到了隔年,由於西方工業化國家的經濟發展轉弱,使得原油銷售量減少。

由於替代能源來源的投資有了成果,從 1978 年到 1983 年全球原油消耗量減少了 11%,油國組織的全球原油生產占比降至四成,而且因為組織缺乏紀律使得占比持續下滑。美國總統雷根(Ronald Reagan)和沙烏地阿拉伯於 1980 年代達成提高產量的協議,使得原油價格下滑直到 1990 年代。

圖6　原油價格，1965 到 1986 年，美元／每桶。

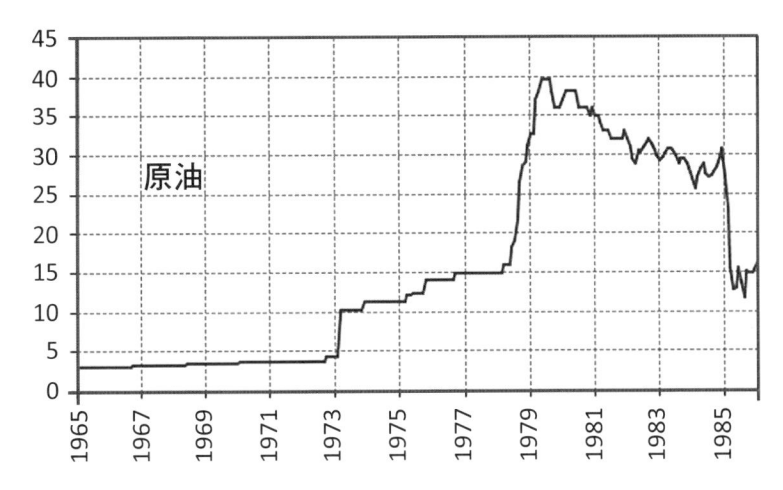

```
45
40
35
30
25  原油
20
15
10
 5
 0
    1965  1967  1969  1971  1973  1975  1977  1979  1981  1983  1985
```

資料來源：Datastream，2019 年。

1980 年代末期，原油價格略降至每桶 10 美元以下，令蘇聯差點陷入無法償債的危機。那段時間，油國組織的全球生產占比降至三成。

精華摘要

- 1973 年時，因為中東關係緊張，石油輸出國家組織運用出口給西方工業化國家的石油做為政治武器，並限制供給量，加速第一次石油危機。原油價格從 1972 年底的 3.50 美元，12 個月後飆漲至 10 美元。

- 石油危機對受影響的大部分國家都造成衝擊，嚴重影響經濟成長並導致失業增加。
- 1979 年的第二次石油危機時，油價從不到 15 美元躍升至 40 美元。

第 12 章

鑽石：全世界最硬貨幣的崩盤
1979 年

雖然需要個別評估價格，
鑽石價格長期以來維持穩定的趨勢。
然而，壟斷者戴比爾斯在 1979 年
失去鑽石市場的控制；
「投資用鑽石」的價值重挫 90%。

「鑽石是女人最好的朋友。」
——瑪麗蓮夢露，《紳士愛美人》中飾演蘿洛萊莉一角

諸如鑽石、紅寶石、藍寶石、祖母綠和蛋白石等的寶石主要的用途是製作成珠寶。其中又以鑽石的市場遠大於其他寶石，而其中許多顆鑽石——例如藍色希望（Blue Hope）、庫利南（Cullinan）、千禧之星（Millennium Star）、艾克沙修（Excelsior）和光之山（Koh-i-Noor）——都有非常知名的歷史。

全球鑽石原石的生產大約為每年20到25公噸，約為1億到1.3億克拉，價值約為100億美元。

然而，所有鑽石中只有兩成使用於珠寶業。工業用鑽石占了相當大的比例，在小型寶石中，人工製造的工業用鑽石也扮演重要的角色。最大的鑽石生產地是俄羅斯、澳洲、加拿大和非洲，尤其是南非、納米比亞、波札那、獅子山還有剛果民主共和國。

全球最大的鑽石交易所分別位於安特衛普、阿姆斯特丹、紐約、拉馬特甘（以色列）、約翰尼斯堡和倫敦。其中安特衛普是最重要的市場；85%的鑽石原石以及全球半數已切割鑽石都是在比利時的鑽石區進行交易。

價值鏈始於開採，後續還包括了採購經紀商、處理、批發商、交易商、中間人、珠寶商及其他零售商，但是價值和

鑽石的「4C」

不同於其他大宗商品，鑽石並不是以每單位重量來決定標準化的固定價值。鑽石的價值是由不同的條件所決定的，其中以4C最為知名：成色（color）、淨度（clarity）、車工（cut）、克拉（carat）。有時候還會有第五個C，就是鑑定證書（certification），由正式的組織確認某顆鑽石的物理特徵。

成色的評分要視鑽石無色的程度。成色評分從D開始──代表非常淨白或近乎無色的鑽石──然後是E、F、G、H（簡單的白色）等等。有顏色的鑽石（例如黃、紅、藍、綠）特別罕見，所以這些所謂的彩鑽（fancy diamond）非常珍貴。

鑽石的淨度（純度）是由鑽石的內含級所決定。淨度愈高愈稀有。分級從IF（內部無瑕，internally flawless）開始，之後是從極輕微到明顯的內含物。最受歡迎的車工是明亮型（brilliant cut）。最後，傳統上來說，鑽石的重量是以克拉來計算（1克拉相當於0.2公克）。

大小並不是簡單的線性關係：較大的鑽石較稀有，因此特別珍貴。此外，每個大小等級的價格波動不一。舉例來說，0.49克拉到0.5克拉的鑽石，價格可能有1,000美元的差距，但重量只有不到100毫克的差別。2018年12月，1克拉鑽石的價格從500美元到1萬美元不等，視其淨度和成色的程度而定。

第 12 章
鑽石：全世界最硬貨幣的崩盤

圖7　2003 至 2016 年鑽石價格。價格是根據大小和品質顯示。

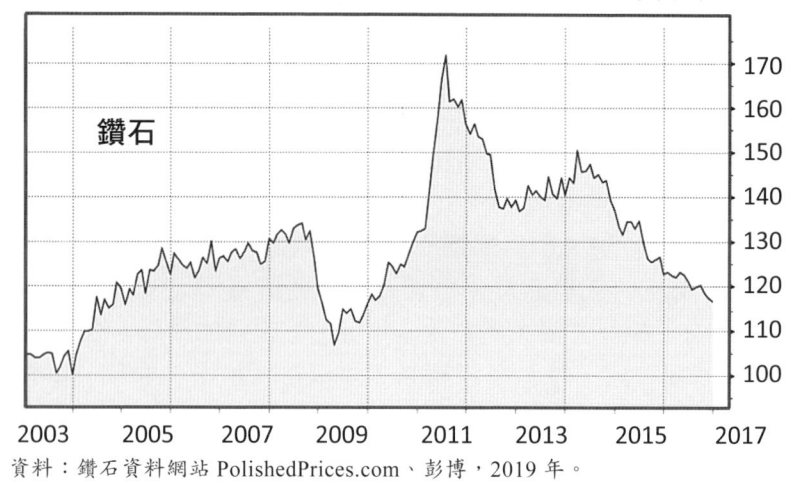

資料：鑽石資料網站 PolishedPrices.com、彭博，2019 年。

鑽石產業最重要的參與者——相當於全球油市的油國組織——是戴比爾斯（De Beers）。這個南非公司隸屬英美資源集團，是全球最大鑽石生產與交易商。

戴比爾斯長期主導全球鑽石市場，類似於石油輸出國家組織主導全球油市。

戴比爾斯控制全球約三成的鑽石生產，而且對行銷與銷售的影響力更大。該公司決定交易商可買的鑽石原石的量和品質。戴比爾斯所控制的鑽石交易公司（Diamond Trading Company，DTC）買下全球大部分的原石生產、分配生產限額給礦業公司，並透過鑽石交易公司旗下的中央銷售組織

（Central Selling Organization，CSO）管理銷售。中央銷售組織定期在倫敦舉辦「銷售會」，約有150個授權經銷商會獲得待售的原石資料。

戴比爾斯企業聯合保障穩定的價格多年。然而，到了1970年代末期，公司卻失去了鑽石市場的控制。

關於戴比爾斯

戴比爾斯是世界上最大的鑽石生產商與交易商，從事鑽石業已有超過百年歷史。公司的名稱可追溯至位於南非金柏利（Kimberley）的第一個礦場，就在約拿斯‧尼可拉斯和迪爾德利克‧阿諾德斯‧戴比爾兄弟的農場上。1871年發現鑽石後，一群開採者將這個偏遠的地方轉型成世界的鑽石之都。英國商人西賽爾‧羅德茲逐漸買下所有的採礦執照，並於1888年成立戴比爾斯公司。現在公司45%的股份由英美資源集團（Anglo American Corporation）持有，40%由歐本海默家族持有。

厄尼斯‧歐本海默（Ernest Oppenheimer）生於德國佛里德貝格，接近美因河畔法蘭克福。1880年時僅32歲的他，已經是影響金柏利地區政治的要角。1916年時，歐本海默成立英美資源集團，很快就成為全球最大的礦業公司。1926年時，他接手戴比爾斯大部分股份。

戴比爾斯開採的所有鑽石總是被成立於1890年的倫敦

鑽石聯合集團全部收購。這個集團是中央銷售組織的前身鑽石公司（Diamond Corporation）的基石。1930 年代大蕭條期間，歐本海默買下大量的鑽石以穩定價格。此後，戴比爾斯和中央銷售組織就形成了獨占的鑽石企業聯合。

在這十年，由於美國的通膨上揚使得美元兌其他貨幣重挫，投資人尋找非傳統投資機會。投資人對鑽石這種「硬」貨幣和儲存財富的穩定方式大感興趣，導致高品質鑽石的需求更高。然而，此時戴比爾斯只約略提高供給量，導致價格進一步攀升，結果吸引了更多潛在投資人。

鑽石狂潮確立。1979 年，鑽石的投資價格翻倍，1 克拉最高品質的鑽石上漲了十倍。

與此同時，在以色列，鑽石原石也變成最受青睞的投資項目。為了支持台拉維夫成為鑽石處理中心的地位，政府以優惠的條件提供大量的貸款。因此成立了不少鑽石投資公司，將鑽石直接銷售給私人投資人。

鑽石投資的狂潮引起一個惡性循環。1979 年時，鑽石的平均價格上漲一倍。1 克拉最高品質鑽石飆漲十倍，交易價格一度達到 6 萬美元！

戴比爾斯試圖透過增加供給使市場逐漸降溫，但這個策略並未成功。無可避免的，泡沫終於在日本破滅，在日本借款可使用鑽石做為擔保。當第一間銀行認為市場過熱而停止接受鑽石做為擔保時，這個猶如紙牌疊成的房子應聲倒下。

價格首次下跌引發鑽石的賣壓。投機者出脫手上持有的鑽石、愈來愈多借款人無法達到擔保品下限，因此被迫增資。

因為戴比爾斯試圖使價格降溫而已經過度飽和的市場更是充斥著鑽石。即使戴比爾斯停止銷售和買回鑽石也無法阻止跌勢。價格崩盤，投資人淨值大減，，全球經濟衰退加速了跌勢。

一年內，投資用鑽石的價格從 6 萬美元跌至 6 千美元。

---

12 個月內，投資用鑽石的價格從 6 萬美元跌至 6 千美元，大約是鑽石狂潮開始前的水準。之後鑽石價格逐漸回升，但是在 1980 年代初期，中央銷售組織從市場上收回價值逾 60 億美元的鑽石，而戴比爾斯減少開採的額度，並關閉南非的其中一個礦場。2009 年的全球金融危機時，奢侈品的需求減少，戴比爾斯採取類似的做法以穩定鑽石價格。

精華摘要

- 現在部分由英美資源集團擁有的南非公司戴比爾斯，長期以來主導國際鑽石生產與銷售。
- 1979 年公司失去對鑽石市場的控制，在市場狂熱時，鑽石的平均價格在一年內上漲一倍，而 1 克拉最高品質鑽石更是大漲十倍，卻在泡沫破滅後重挫 90%。

第 13 章

「白銀星期四」
以及杭特兄弟的沒落

1980 年

尼爾森·邦克·杭特與威廉·赫柏特·杭特兄弟
於 1980 年試圖壟斷銀市，結果慘敗。
1980 年 3 月 27 日，
後來被稱為「白銀星期四」，
銀價在一天內重挫三分之一。

「美國政府有一種技術,叫做印刷術,想要印多少錢就印多少錢。」
——班‧柏南奇(Ben Bernanke),前美國聯邦儲備理事會主席,2006到2014年

美國最光鮮亮麗的杭特家族,有一段有趣的歷史。1920年代,冒險家也是職業撲克牌玩家哈洛森‧拉法葉‧杭特(Haroldson Lafayette,1889–1974年),在玩撲克牌時贏得阿肯色州艾爾多拉多(El Dorado, Arkansas)的鑽探執照。杭特的綽號是「阿肯色瘦子」,第一次探勘就挖到石油。他用艾爾多拉多賺到的第一筆錢,買下在德州基爾戈爾(Kilgore, Texas)的鑽探執照,並發現目前為止世界上已知油田中最大的一個。

他於1936年成立杭特石油公司,成為美國最大的獨立石油生產商。1957年時,《財星》雜誌估計他的淨值約在4億到7億美元之間,擠進80位美國首富中的前10名。杭特家族也擁有大量利比亞的油田,直到格達費(Muammar Gaddafi)在1970年代初期將之沒收。

哈洛森‧拉法葉‧杭特的私生活也同樣聲名狼藉:他和第一任妻子莉達‧邦克育有六名子女,包括尼爾森‧邦克、拉瑪爾和威廉‧赫柏特。後來他開始和費拉妮雅‧泰伊(Frania Tye)發展婚外情,後來結婚並育有四名子女,直到1942年離婚。杭特和其中一位祕書茹絲‧瑞伊也生了四名子女,最後在1957年結婚。

> ## 貴金屬入門──摘要
>
> 過去 50 年來,影響貴金屬價格最重要的兩個因素是美國禁止私人持有黃金,以及 1944 年創立的布萊頓森林制度的瓦解。1933 年時,小羅斯福總統宣佈,持有超過價值 100 美元的黃金是違法行為,而這項禁令持續了超過 40 年。1971 年的「尼克森衝擊」時,由於美國政府負債大增、貨幣供給擴張以及通膨上升,美國宣佈不再將美元兌換成黃金。
>
> 國際貨幣體系確立由黃金擔保(金本位制)的美元為主導貨幣,稱為布萊頓森林體系,在 1973 年時瓦解。隨著銀本位和金本位制度的廢除,這兩種金屬都失去了經濟上的重要性,市場上供給量大增。結果白銀每金衡盎司的價格下跌至 2 美元。但是這個價位水準也對銀的生產造成持續的負面影響,因為只有少數國家能以這麼低價位水準生產白銀。

洛克斐勒這個姓氏永遠令人想起財富、原油和標準石油公司,不同的是,杭特這個姓氏則是永遠令人想起最嚴重慘賠的白銀炒作。

杭特兄弟的投機最後以 1980 年的銀市崩盤告終,成為大宗商品交易的傳奇。

威廉・赫柏特和尼爾森・邦克・杭特是 1970 年代第一個發現銀市罕見機會的投資人:工業需求持續、價格低廉導致補助動機不高,以及可取得的白銀是個很小的市場。

金本位制廢除後，尼爾森‧邦克向來對「紙幣」的厭惡直言不諱。「任何白痴都可以買一台印鈔機，任何東西都比紙鈔來得好」他曾這麼說。為了維持家族的財富，杭特兄弟將投資集中於不動產和銀市。

1970 到 1973 年間，尼爾森‧邦克和威廉‧赫柏特買下約 20 萬金衡盎司的白銀。在這三年間，銀價漲了一倍，從每金衡盎司 1.5 美元漲到 3 美元。

受到這次成功的鼓舞，兄弟倆將投資活動擴及期貨交易，並於 1974 年初收購期貨合約總額達 5,500 萬盎司的白銀。接著他們等待實體白銀交割。當時的實體白銀交割就和現在一樣罕見，而且，由於持續在現貨市場收購，杭特兄弟創造了白銀的短缺。因為他們記得，40 年前美國政府禁止私人持有黃金，所以他們將大量的貴金屬運送到蘇黎士和倫敦的銀行，他們以為銀不會被美國當局收走。

1974 年春季時，銀價漲至逾 6 美元。市場上傳言指出，現已持約有全球 10% 白銀供給的杭特兄弟，目標是控制市場。1978 年前，又有 2 千萬盎司的白銀交割給尼爾森‧邦克和威廉‧赫柏特，他們試著說服更多投資人和他們合作。他們和兩位沙烏地酋長合作，成立了國際金屬投資集團（International Metal Investment Group），到了 1979 年，他們在商品交易所（Commodity Exchange，COMEX）和芝加哥期貨交易所收購超過 4 千萬盎司的期貨合約。在將近十年的時間內，杭特兄弟和合夥人累積約 1 億 5 千萬盎司的白銀，約 5 千噸重。

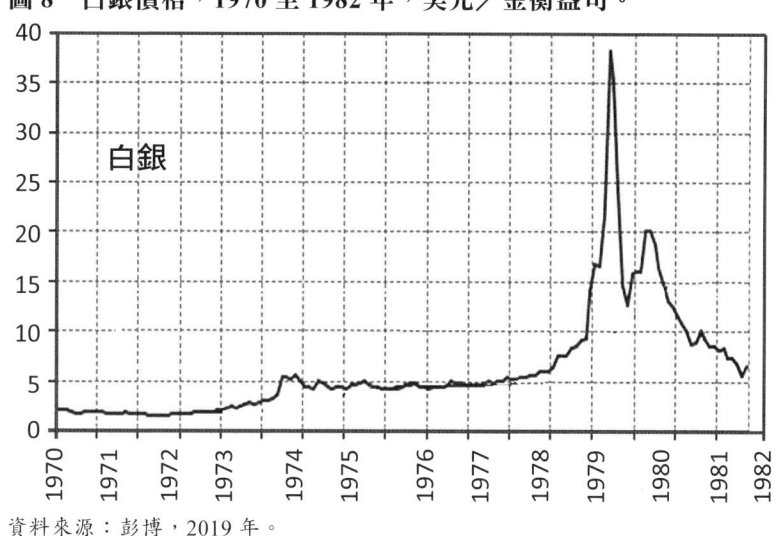

圖 8　白銀價格，1970 至 1982 年，美元／金衡盎司。

資料來源：彭博，2019 年。

　　這個數量將當於美國白銀儲備的一半，約全球總額的 15%。此外，杭特兄弟還持有約 2 億盎司的白銀遠期契約期貨合約。全球對白銀的需求升至約 4 億 5 千萬盎司，但是因為幾前年的價格偏低導致開採的產出量仍不到 2 億 5 千萬盎司。

　　與此同時，白銀的價格已升至 8 美元，然後因為實體白銀短缺，僅僅兩個月又再漲一倍到 16 美元。芝加哥期貨交易所和商品交易所加起來可以交割的量只有 1 億 2 千萬盎司的白銀，因為杭特兄弟的實體交割策略受到更多市場參與者的威脅。

　　1979 年底，芝加哥期貨交易所宣佈，投資人不可持有

超過 3 百萬白銀合約。超過這個量的所有合約都必須平倉。尼爾森·邦克將此解讀為白銀很快就會變少，所以他持續買進白銀，而拉瑪爾跟著他也投資了 3 億美元。此時，尼爾森·邦克在海外持有 4 千萬盎司的白銀，再加上國際金屬投資集團還有 9 千萬盎司的白銀。國際金屬集團持有 9 千萬盎司的白銀期貨合約，交割日為 1980 年 3 月。

1979 年底時，白銀期貨價格上漲至 34.50 美元；到了 1980 年 1 月中，價格躍升超過 50 美元（換算為現值約 120 美元）。杭特家族的白銀存貨價值超過 45 億美元！

然而，命運之輪即將轉向。當紐約商品交易所只接受平倉單，價格便開始下跌。聯邦準備理事會調升利率，美元走強就開始對黃金和白銀造成負面影響。到了 1980 年 3 月中，白銀價格已下跌至 21 美元。先前跟著杭特的一些規模較小的投機者，開始恐慌性賣出而使銀價跌勢加速。其他人則是因為價格創下記錄而賣出私人的銀飾和銀幣，進一步推升實體供給量。

1980 年 3 月 27 日被稱為「白銀星期四」，白銀開盤價為每金衡盎司 15.80 美元，收盤價 10.80 美元。單日跌幅逾 30%！

1980 年 3 月底時，杭特兄弟已經交不出期貨部位的保證金，被迫出售價值逾 1 億美元的白銀。1980 年 3 月 27 日，白銀開盤價為 15.80 美元，收盤價 10.80 美元。歷史上稱為

「白銀星期四」。

而杭特兄弟的白銀期貨成交量加權平均價為 35 美元，代表他們負債 15 億美元！

許多投資人，包括商品交易所的人員都持有空倉部位，大幅強化銀價的跌勢。雖然銀價在 1980 年代中期回升至 17 美元，但杭特兄弟必須申請破產保護，而且被控合謀操縱市場。

杭特兄弟的慘敗是因為槓桿過高。否則他們大可以撐過銀價的跌勢，而不必平倉大量部位。媒體中的杭特兄弟變成操縱市場的象徵，而他們的投機和導致散戶投資人重大損失的銀價崩跌，拖累白銀市場數十年。

精華摘要

- 哈洛森·拉法葉·杭特，綽號「阿肯色瘦子」靠著石油累積財富。後來杭特家族成為美國十大首富家族之一。
- 尼爾森·邦克和威廉·赫柏特·杭特想藉由投資白銀以保留家族財富。他們試圖壟斷白銀市場，買進實體白銀並累積大量期貨合約部位。
- 銀價飆漲，從每金衡盎 2 美元飆漲至 1980 年 1 月的 50 美元。此時，杭特家族的財富超過 45 億美元。但是到了 1980 年 3 月 27 日——「白銀星期四」——銀價重挫 30%。杭特家族必須申請破產保護，並且被指控共謀操縱銀市。

第 14 章
原油：不用血換油？
1990 年

中東的權力政治：伊拉克入侵科威特，
面對由美國率領的西方國家聯合軍隊，
伊拉克必須退出科威特。
在撤退時，伊拉克部隊在科威特油田放火。
油價在三個月內漲逾一倍，
從不到 20 美元漲到 40 美元。

「一旦（薩達姆·海珊）取得科威特⋯顯然他就能決定未來全球的能源政策，這會使他掐住我們的經濟，以及大部分其他國家的經濟。」

──李察「迪克」·錢尼，美國國防部長，1990年

1980年代伊朗與伊拉克戰爭期間，伊拉克和美國與歐洲的關係很好。西方國家支持伊拉克，尤其是在軍事方面，以反制德黑蘭的霍梅尼（Khomeini）政權，以及伊斯蘭和蘇聯的影響進一步擴大。

1980年時，伊拉克每日生產約6百萬桶原油，而伊朗生產5百萬桶，大部分的原油來自石油蘊藏豐富的西南部省份胡齊斯坦。兩國的原油生產量加起來，約為全球每日消耗量的20%。但是，造成雙方死亡都達一百萬人的八年戰爭，對伊拉克經濟造成重大的影響，而伊拉克主要的資金來自於阿拉伯國家，尤其是沙烏地阿拉伯和科威特。戰後，伊拉克對這些國家累積了高昂的負債。

此外，伊拉克一直否認科威特的獨立，並將其視為伊拉克的領土。從科威特自1961年脫離英國獨立以來，兩國在邊界就一直醞釀衝突。同時，伊拉克也在設法取消或是重新談判與沙烏地阿拉伯和科威特的債務，同時也試著透過減產石油以降低負債（因為減產能提高油價和獲利）。但是科威特卻藉由增產和降低出口價格以提高市占率來反制伊拉克的行動。

1990年7月17日，伊拉克指控鄰國和阿拉伯聯合大公

國，生產的石油超過石油輸出國家組織所同意的量，因此壓底油價並造成伊拉克 140 億美元的損失。伊拉克也指控鄰國竊取邊界上屬於伊拉克油田中的油。

伊拉克和科威特為減輕衝突的談判在 7 月 31 日失敗。伊拉克在科威特邊界部署軍隊。在與伊拉克總統薩達姆·海珊會面時，美國大使確認美國不會對阿拉伯國家的爭端，或是伊拉克與科威特邊界衝突採取任何立場。美國與科威特之間也沒有特定的國防或安全協議。伊拉克總統將此解讀為容許採取進一步的行動：1990 年 8 月 2 日，十萬名伊拉克軍人進入科威特。展開了波灣戰爭。

戰爭對油價的影響很明顯，油價在 1990 年 6 月的低點是每桶 15 美元，之前幾個月則在 15 到 25 美元的區間波動。到了 7 月底戰爭前夕，原油價格已經重回 20 美元。8 月 3 日當天，西德州中級原油（WTI，原油的交易指標）略低於 25 美元。當月原油收在 30 美元之上，然後，到了 9 月底，油價首次來到 40 美元。1990 年 10 月，原油價格創下新高——每桶逾 40 美元。

伊拉克和科威特的石油蘊藏總計占全球 20%。

策略上來說，科威特對伊拉克極為有價值。雖然它只有 2 萬平方公里，但科威特有 500 公里的海岸線，而面積 45 萬平方公里的伊拉克只有 60 公里的海岸線，科威特的海岸線長得多。在入侵科威特時，伊拉克取得價值逾 5 億美元的

三次波灣戰爭概要

伊朗與伊拉克戰爭（1980 到 1988 年）原本被稱為波灣戰爭（Gulf War），直到 1990 到 1991 年的波斯灣戰爭（Persian Gulf War，伊拉克與科威特衝突），後者被稱為第一次波灣戰爭。而 2003 到 2011 年的伊拉克戰爭被稱為第二次波灣戰爭。

1980 年 9 月，在薩達姆・海珊的領導下，伊拉克入侵伊朗，引發八年戰爭導致地區動盪，並且重創兩國。美國在此戰爭中支持伊拉克，因為美國擔心艾亞圖拉・霍梅尼（Ayatollah Khomeini）帶領的伊朗伊斯蘭革命可能擴大，而伊拉克一直想取代伊朗，成為波斯灣地區的主導國。

1990 年的波灣戰爭則是由美國所領導的 35 國聯合戰力，對仍是由薩達姆・海珊所領導的伊拉克宣戰，以

黃金，更重要的是，它也取得了科威特的原油資源。

薩達姆・海珊原本以為美國不會干預阿拉伯國家的事務，但他此時面臨老布希（George H. W. Bush）完全不同的反應。美國的利益似乎不只是科威特的油田；還有伊拉克的油田。伊拉克控制全球 10% 的石油蘊藏；併吞科威特後就再加增 10%。

此外，時任美國國防部長（後來成為大型石油公司哈利伯頓的執行長）李察「迪克」・錢尼在伊拉克的入侵行動幾周後說：「伊拉克的部隊距離沙烏地阿拉伯東部，全球 25%

回應伊拉克入侵鄰國科威特。伊拉克的入侵將其已知原油蘊藏量提升至全球蘊藏的 20%，並且威脅到沙烏地阿拉伯，而該國又控制全球原油蘊藏的 25%，美國無法容忍這樣的情況。

但是，海珊政權是在另一次波灣戰爭才被推翻。2003 年，由美國領導的聯合部隊，以伊拉克擁有大規模毀滅性武器為由入侵伊拉克。

現在的伊朗和沙烏地阿拉伯為了爭奪地區霸權而衝突，這場冷戰同時也是遜尼派和什葉派之間的伊斯蘭衝突。遜尼與什葉派衝突已經持續了 1,400 年。爭端很複雜，但說到底就是先知穆罕默德死後，兩派爭執誰才是穆斯林的合法領導者。全球九成的穆斯林是遜尼派，而伊朗、伊拉克、亞塞拜然和巴林則大部分人口為什葉派。

石油蘊藏量，只有幾百公里的距離。

入侵伊拉克的行動始於沙漠之盾和沙漠風暴行動。油價從 15 美元到了 1990 年 10 月飆升至 40 美元。

　　入侵行動開始後幾小時，聯合國安理會就採納了 660 號決議，要求伊拉克部隊撤退。一周內，安理會對伊拉克實施經濟和金融限制（661 號決議），目的是為了阻止伊拉克石油出口。同時，美國與 34 個國家組成軍事聯盟對付伊拉克，

並以諾曼・史瓦茲科夫（Norman Schwarzkopf）為盟軍領導者。部署的 90 萬名軍人中，有 75% 是美軍部隊。8 月 8 日當天，兩艘美國海軍航空母艦抵達該區，老布希總統啟動沙漠之盾行動以保護沙烏地阿拉伯不被入侵。

聯合國安理會以 662 號決議宣佈伊拉克併吞科威特無效，並要求恢復其主權。8 月 25 日，聯合國安理會根據沙漠之盾推出制裁。此時 70 艘戰艦已部署在波灣地區。

在被占領的科威特，逮捕、綁架、刑求和處決是日常生活，而且伊拉克政府利用外國人質當人肉盾牌。9 月 5 日當天，薩達姆・海珊在波斯灣對美國發起聖戰，並要求沙烏地阿拉伯國王法赫德（Fahd）下台。科威特皇室家族已經逃亡。

11 月 29 日，聯合國安理會給伊拉克最後通碟，要求在 1991 年 1 月 15 日前撤出科威特。美國國會於 1 月 12 日同意採取軍事行動，五天後的清晨，聯軍開始大規模空襲伊拉克。在沙漠風暴最初的 24 小時內，約採取了 1,300 次的攻擊。

2003 年再次發生波灣戰爭，才順利推翻薩達姆・海珊政府。

在進一步最後通牒到期後，美國於 2 月 24 日展開地面戰。兩天後，戰爭就結束了，伊拉克部隊正式開始從科威特撤退。然而，他們撤退時放火燒掉科威特油田，並開啟許多石油碼頭的鎖桿，讓石油流入海中。根據科威特的資料，大約 950

圖 9　原油價格，1989 到 1991 年，美元／桶。

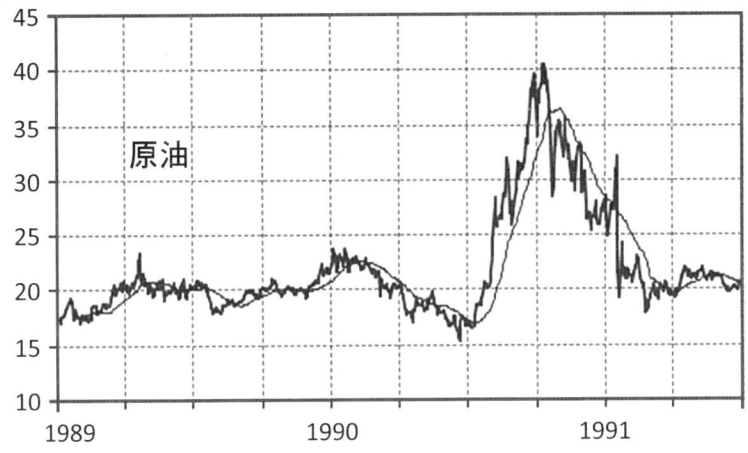

資料來源：彭博，2019 年。

個油田被放火或是被伊拉克軍隊埋了地雷。

此外，石油生產在 1991 年夏季受到中斷。只有在那年 11 月最後一處火被撲滅時，產量才又增加。

雖然發動戰爭，但美國和英國原本打算消滅伊拉克的軍事力量以及在地區的優勢地位，最後並沒有成功。後來在 2003 年再次發生波灣戰爭，才推翻薩達姆・海珊政權。

精華摘要

● 伊拉克總統薩達姆・海珊將成為中東的霸權、全球石油最豐富的國家，但是他在 1980 年代的八年戰爭時未能推

翻伊朗。
- 科威特雖然地理面積不大，但是對伊拉克的策略重要性很高，因為它的石油蘊藏量高也有很長的海岸線和海港。
- 1990到1991年的波灣戰爭始於伊拉克入侵科威特，且因為美國的沙漠之盾和沙漠風暴行動的干預而結束。由於供給不穩定而且油田失火，油價從15美元飆漲至逾40美元。
- 911事件後，薩達姆·海珊被控擁有大規模毀滅性武器；他在伊拉克的政權最終於2003年被推翻。

第 15 章
德國金屬公司末日
1993 年

原油期貨讓德國金屬公司陷入無法償債的地步，差點造成二戰以來德國最嚴重的企業倒閉。執行長海恩茲・施梅布許於 1993 年造成逾十億美元的虧損。

「我們回來了,我們辦到了。」
　　　　——卡尤・紐克爾申,德國金屬公司執行長

　　他原本是德國商界的明星之一:1989 年,海恩茲・施梅布許(Heinz Schimmelbusch)成為德國史上最年輕的執行長,在成立於 1881 年、專精於採礦和大宗商品交易的大型工業聯合企業德國金屬公司(Metallgesellschaft,MG)擔任執行長。施梅布許的任職為公司帶來新氣象。一直以來占公司營收與獲利的三分之二,對金屬事業的依賴即將降低。新的成長領域將是工程、環境科技以及金融服務。

　　施梅布許開始進行大量收購,包括諾貝爾股份公司(Feldmühle Nobel)、諾貝爾炸藥公司(Dynamit Nobel)、布德胡斯(Buderus)和陶瓷公司(Cerasiv),打造一個企業帝國,價值高達 150 億美元,共有超過 250 間子公司。1991 年時,《經理人雜誌》選出他為「年度經理人」。但是在施梅布許加入德國金屬公司四年後,他的管理卻是在一場災難中結束。

德國金屬集團在美國的子公司從事冒險的原油價格賭注交易。

　　在施梅布許管理下的德國金屬集團不只規模更大,也更複雜難以管理。在 1990 年代初期,德國經濟放緩。有來自東歐價格低廉的競爭對手、汽車業疲軟,而且德國金屬公司的債臺高築拖累了公司。但是公司最大的危機其實是在美國的子公司。

> **瞭解油市**
>
> 從 1984 到 1992 年,油市是由交易員所稱的「逆價差」(backwardation)所主導。這表示未來交割的原油是以目前(現金)價格折價來交易。對油品期貨合約的買方來說,除了投入資本的利息外,還有期貨與現貨價差。因此,除了避險費用外,德國金屬公司的轉倉避險策略還能創造持續的獲利。

德國金屬精煉與行銷(Metallgesellschaft Refining and Marketing,MGRM)在紐約以長期固定費率銷售燃料用油、汽油和柴油給大客戶;公司以五到十年到期的合約承諾每個月以定固費用交割油料。德金精銷公司的客戶則是用這個以針對原油價格上漲進行避險。然而,德金精銷公司本身的資源或是庫存都沒有油。它必須向別人買油。

由於原油的價格波動劇烈,德金精銷公司面臨超過六億美元的市價風險,相當於母公司資產負債表的十分之一。這個市場價格風險則是透過期貨來避險。

公司買進愈來愈多的原油期貨,規模會在客戶的合約量到期前調整,而且合約會轉倉至下個期貨合約月份。

原油價格大幅下跌將未來期間結構從逆價差轉為正價差,導致德金精銷公司的避險策略大額虧損。

第 15 章
德國金屬公司末日

然而，在 1993 年時這些條件改變了，因為原油價格重挫逆轉了未來期間結構從逆價差轉為正價差（contango），也就是期貨價格高於現貨價格。現貨油價低於每桶 18.50 美元，而一年後的價格卻每桶高出 1 美元。德國金屬公司的每月獲利變成了大幅虧損。而且德金精銷公司還忽略了另一個因素：合約到期時，現金流增加的風險。

雖然到期時都實現了交割的義務，但德金精銷公司現在面臨愈來愈高的期貨保證金。這直接衝擊了德金精銷公司的資產負債，因為實現的虧損不會被潛在的期貨獲利所抵銷。

由於德金精銷公司面臨流動性問題和信用評等不佳，情況持續惡化。而油價下跌的大環境，令德金精銷公司陷入惡性循環。

當地的管理階層孤注一擲，持續與客戶簽訂更多的合約。在危機最不嚴重時，所有尚未到期的原油一個月遠期合約交易中，光是德金精銷公司就占一到兩成。

結束所有原油期貨部位，讓德國金屬公司集團虧損逾 10 億美元。

與此同時，德國金屬公司的資產也面臨重挫。由於經濟放緩和債臺高築，公司只好減記祕密準備金才能支付 1991 到 1992 年的股利。隔年赤字攀升至近 3 億 5 千萬德國馬克，約 2 億美元。此時，壞消息從美國襲來。由於面臨來自債權人的壓力，德金精銷被迫申請破產，虧損 15 億美元。此舉

圖 10 1993/1994 年的原油期貨期間結構，美元／每桶。

原油期間結構

資料來源：彭博，2019 年。

導致整個集團差點無法償債。

1993 年 2 月，施梅布許推出龐大的資產出售計畫，以換取 6 億美元。但是美國子公司的虧損仍持續擴大，很快就超過 10 億美元。施梅布許現在必須請求最大股東德意志銀行（Deutsche Bank）提供額外的資金。身兼德意志銀行董事和德國金屬公司監事會主席的羅納鐸·許密茲（Ronaldo Schmitz）對即將逼近的虧損大感震驚，而採取行動。德國金屬集團因結束所有原油合約而實現逾 10 億美元的虧損，集團的總負債增至近 50 億美元。

1993 年 12 月 17 日，施梅布許和財務長邁哈德·佛斯特（Meinhard Forster）在未事先通知的情況下被監事會解

職,許密茲雇用卡尤・紐克爾申(Kajo Neukirchen)以拯救公司。有了 20 億美元的經困金、嚴格的節省成本和解雇了 7,500 名員工後,紐克爾申重組德國金屬公司集團,而公司現在專注於交易、工廠建設、化學和營建技術。2000 年 2 月時,公司重新命名為德國金屬科技公司(MG Technologies),2005 年時改名為 GEA 集團(GEA Group)。德國金屬集團就這樣不名譽地結束營業。

精華摘要

- 執行長海恩茲・施梅布許出任規模龐大令人肅然起敬的德國金屬集團的執行長,成為德國最年輕的執行長。《經理人雜誌》評選他為 1991「年度經理人」。
- 德金精銷——該公司的原油精煉和行銷子公司——的策略對整個企業集團造成負面的影響。
- 德金精銷以固定價格銷售石油產品給客戶,並透過期貨市場曝險來避險。在一般市場條件下,原油的逆價格期間結構能為公司帶來不錯的獲利。
- 但當原油價格從 1991 年的 40 美元重挫至 1993 年不到 20 美元時,情況就改變了,期間結構變成了正價差。虧損增至逾 10 億美元,使德國金屬集團差點破產。

第 16 章

銀：三位智者

1994 年

華倫・巴菲特、比爾・蓋茲和喬治・索羅斯
在 1990 年代展現對銀市的興趣，
投資於尖端銀礦、泛美銀業和實體白銀。
這是白銀和銀礦開採的對決。
誰會領先，誰會落後？

「金融市場通常都是無法預測的。」

──喬治‧索羅斯

2006年5月時，波利維亞的左翼總統艾沃‧莫拉利斯（Evo Morales）威脅要將該國的礦業國有化。因為波利維亞有兩個重要礦場：聖克里斯多瓦（屬於尖端銀礦〔Apex Silver Mines〕）和聖巴托洛梅（科爾礦業），所以事關大量的白銀。（在一周前，莫拉利斯已經將該國的天然氣業國有化。）尖端銀礦股票應聲重挫。從4月的每股26美元跌到6月只剩下13美元。這顯示了政治因素使得礦業資源投資的風險很大。

但是，最佳的投資標的到底是什麼並非總是很明顯。1990年代中期和晚期，華倫‧巴菲特（Warren Buffett）、喬治‧索羅斯（George Soros）和比爾‧蓋茲（Bill Gates）都加入白銀市場，成為專業投資人，他們的行動吸引了國際金融界的注意。就像《聖經》中的三王一樣，他們激勵了私人和機構投資人跟進。然而，雖然索羅斯、巴菲特和蓋茲都投資白銀，但他們用的是不同的工具——實體白銀和銀礦公司的股權投資。

喬治‧索羅斯於1930年匈牙利出生，以他和吉姆‧羅傑斯（Jim Rogers）共同成立的量子基金（Quantum Fund），以及1992年狙擊英鎊導致英格蘭銀行被迫讓英鎊貶值而聞名。《富比世》估計他現在的淨值約為140億美元。1994年底時，索羅斯投資於尖端銀礦公司，並且和他的哥

> **關於白銀**
>
> 白銀比黃金更普遍 20 倍,最大蘊藏地在北美和南美洲。根據業界的數據,全世界只有 25 個重要的銀礦場,而其中半數的營收來自貴金屬生產。全球白銀絕大多數的生產同時還能擷取出其他金屬,尤其是鉛、鋅、銅或黃金。根據世界白銀協會(Silver Institute),工業用途占總需要約 50%,其次為珠寶和攝影。
>
> 在大宗商品交易所裡標準化的白銀交易,XAG 代號代表以美元計價每金衡盎司白銀的價格。實體白銀交易的中心在倫敦金銀市場(London Bullion Market),而倫敦金銀市場協會(London Bullion Market Association)每日調整價格一次。紐約商品交易所(COMEX)則是白銀期貨與選擇權最大的交易所。白銀期貨在此的交易代號為 SI 加上合約月份與年份(例如 SIH0 代表 2020 年 3 月期白銀期貨)。

哥保羅短暫持有公司逾 20% 的股票。成立於 1993 年的尖端礦場,擁有波利維亞西南部的銀鋅鉛礦場聖克里斯多瓦 65% 的股份,估計白銀蘊藏量為 4.5 億盎司。尖端在阿根廷、波利維亞、墨西哥和秘魯都有營運。

1990 年代中期和晚期,華倫·巴菲特、喬治·索羅斯和比爾·蓋茲都投資白銀市場。

圖 11 白銀價格，1994 到 2008 年，以美元計價，單位為每金衡盎司。

資料來源：彭博，2019 年。

　　華倫・巴菲特生於 1930 年，世界首富排名第三，預估淨值約為 470 億美元。身為他所成立的投資公司波克夏海瑟威（Berkshire Hathaway）的執行長，數十年來巴菲特展現了卓越的投資成就。公司每年的股東會被稱為「投資人的朝聖地」，超過兩萬人前往聽取「奧馬哈先知」要說的話。

　　威廉「比爾」亨利・蓋茲三世（William "Bill" Henry Gates III）生於 1955 年，和保羅・艾倫（Paul Allen）於 1975 年成立微軟公司，身價約為 530 億美元，使他成為全球首富第二名，然後他才開始大手筆捐款給慈善事業。1999 年，蓋茲投資泛美白銀公司，是僅次於索羅斯和巴菲特的第三大白銀投資人。

巴菲特採取不同的策略。1998年，在正式發佈年報前，波克夏海瑟威宣佈公司於 1997 年 7 月 25 日到 1998 年 1 月 12 日之間，收購了 1.3 億金衡盎司的白銀，相當於四千公噸的白銀，占全球年礦產量的 20%。然而，這只占波克夏海瑟威總投資資金的 2%。

投資實體白銀令國際金融界感到訝異，因為巴菲特一向是以價值導向股權投資風格為人所知。他根據前幾年白銀供給和需求，以及白銀庫存量大減而做出這次的投資決定。隨後白銀價格大漲證實了他的觀點。他的投資獲利相當可觀。

至於比爾・蓋茲，1999 年 9 月時公佈，他透過瀑布投資公司（Cascade Investment LLC）收購成立於 1994 年的泛美白銀公司（Pan American Silver）超過 300 萬股，平均每股 5.25 美元，占公司股份的 10%，公司目標在墨西哥、秘魯、波利維亞和阿根廷都有銀礦專案的投資組合。

觀察白銀價格表現和尖端白銀及泛美白銀在 1997 年的股價表現，可以發現有趣的情況。

到了 2008 年底，白銀的表現最佳，接著是泛美白銀的股票。雖然尖端白銀股價一開始和銀價和泛美白銀股價一致，但後來尖端白銀崩盤：從 1997 年首次公開發行新股到 2008 年間，股價重挫 90%。隨後申請破產。發生了什麼事？

當波利維亞總統莫莫拉利斯威脅礦業公司要國有化時，投資人爆發恐慌。

第 16 章
銀：三位智者

圖 12 白銀、泛美白銀和尖端白銀公司，1998 年到 2009 年。比對年份 1998 年。

白銀與白銀開採

泛美白銀
白銀
尖端白銀

資料來源：彭博，2019 年。

莫拉利斯總統威脅要將波利維亞的礦業國有化，令投資人感到不安。但其實並未直接國有化，而是白銀在波利維亞的稅大幅升高。儘管如此，尖端被迫將旗艦資產的一部分賣給住友商事（Sumitomo）。開發聖克里斯多瓦礦場變得愈來愈昂貴，因為能源成本暴增。為了取得信貸，尖端白銀必須出售大量的白銀、鋅和鉛期貨。隨著大宗商品價格上揚，這些避險方式導致虧損增加，2009 年 1 月時，公司宣佈破產。

所以，哪一種投資比較好？尖端白銀和泛美白銀的股價表現都短暫超越白銀價格，因為年產量和地下的礦物資源總

量的價值有槓桿效用。但是槓桿就是投資人為中間商和市場風險所付出的代價。相較於投資尖端白銀，實體白銀證實是比較安全的投資。

精華摘要

- 華倫‧巴菲特、比爾‧蓋茲和喬治‧索羅斯於 1990 年代對白銀市場的機會感到興趣。
- 超過十年來，白銀價格從 4 美元攀升至 1997 年超過 8 美元。於 2008 年達到 22 美元。
- 白銀礦業公司似乎能提供比直接投資白銀更高的報酬，但是更高的預期報酬是有代價的。
- 由於白銀價格高漲，波利維亞總統艾沃‧莫拉利斯威脅要將該國礦業國有化。尖端白銀股價從 1997 年上市以來崩盤跌逾 90%，隨後宣佈破產。

第 17 章
銅：「5% 先生」撼動市場
1996 年

住友商事的明星交易員濱中泰男在東京過著兩種生活，
操縱銅市，以及為上級創造破紀錄的獲利，
但同時也執行高風險的私下交易。
最後，住友商事承受 26 億美元的天價虧損，
而濱中則被判八年的刑期。

「銅先生是誰？」

——投資百科

多年來，濱中泰男（Yasuo Hamanaka）是日本大企業集團住友商事位於東京的交易子公司住友貿易（Sumitomo Trading）的首席交易員。在內部人圈子裡，他被稱為「錘子」或「百分之五先生」，因為他控制全球銅市的 5%。他能為公司賺進大筆的獲利。然而，在 1996 年 6 月 5 日這一天，濱中說他賠掉公司 16 億美元。此後，住友醜聞就被認為是近代史上最大的金融詐騙案之一。

1985 年，時年 37 歲的濱中泰男是大宗商品期貨市場的銅交易專家，受雇於東京的住友商事。他的部門於 1980 年代中期承受了相當大額的虧損，但交易部的主管以及後來接任這職位的濱中，用祕密交易掩飾了虧損。公司的傳統是交易員任職一段時間後要換職務，但濱中並沒有這麼做，在他的職位上待了 11 年，因為他能創造非常高的獲利。

日本交易員濱中泰男是全球銅價的主導因素。但他在和中國對賭時輸了。

倫敦金屬交易所針對市場操縱和詐欺的警告未被注意，而濱中具有影響力的評論認為銅的需求會升高，以及人為造成的短缺，卻經常出現在財經媒體上。雖然住友的明星交易員給人謙和的印象，但他其實過著工作和私人完全不同的生

> **關於銅**
>
> 主要使用於營建和電機械工程的銅，全球生產量約兩千萬公噸。智利是最大的生產國，占全球產量三分之一，其次是印尼、美國和澳洲。銅可以回收再處理，品質幾乎完全不會受損，銅和鋁是交易量最大的工業用金屬。最主要的交易所是倫敦金屬交易所（London Metal Exchange，LME）和紐約商品交易所。
>
> 在倫敦金屬交易所，銅價是以每公噸美元交易；在紐約商品交易所，則是以每磅美分交易。在美國的交易代號是 HG 加上合約月份和年份（例如 HGZ9 代表 2019 年 12 月交割）。目前銅的成本為每磅 2.8 美元，或每公噸 5,600 美元。

活。他在日間為住友交易；私底下在夜間於倫敦和紐約的交易所為自己交易。他一家四口住在東京較不吸引人的郊區川崎區，而且開著小車。但他喜歡帶著銀座聲色場所的情人一起奢華的旅行，當然，他也有瑞士銀行的帳戶。

1993 年初，濱中發現由於中國經濟正在快速工業化而對銅有著大量的需求，所以他認為銅價會上揚。然而，中國方面卻利用言論將銅價壓低。濱中的虧損開始累積。他偽造資產負債表、交易報告和上級的簽名，以取得額外的信用額度以增持部位，將市場導向「正確的」方向但是中國方面似乎不急著買銅。到了 1995 年底和 1996 年初，情況逐漸變得嚴重。現在精神不穩定的濱中開始酗酒。

1996 年 6 月，這位明星交易員無路可走，只能承認他龐大的虧損：未平倉的期貨部位來到 18 億美元。震驚的住友商事將濱中解雇，並慌張地將部位平倉。此舉導致公司的虧損又增加了 8 億美元，因為賣單過高導致銅價在一天內重挫 27%。最後住友商事實現了 26 億美元的虧損，這是國際金融市場史上單一公司最高虧損額。

住友商事將未平倉的銅期貨部位平倉，而面臨 26 億美元的虧損。

　　事發之後，記者紛紛質疑為何一位交易員能隱瞞這麼前所未見的高額虧損不讓上級知道。顯然住友商事的內部審計、風險管理和監督不當，因為雖然交易量龐大，濱中的上級沒有一個人知道他交易的細節。至於濱中本人，民眾將他視為刑事罪犯。他於法庭內認罪並於 1998 年被判八年刑期。

精華摘要

- 濱中泰男於 1985 年為日本企業集團住友商事交易銅。因為他的交易量大以及他控制著全球銅市的 5%，而被稱為「錘子」和「百分之五先生」。
- 1993 年之後，濱中認為中國的需求增加會導致銅價上揚，但是隨著價格持續下跌，他面臨虧損。由於希望價格上

圖 13 銅價，美分／每磅，1995 到 1997 年。

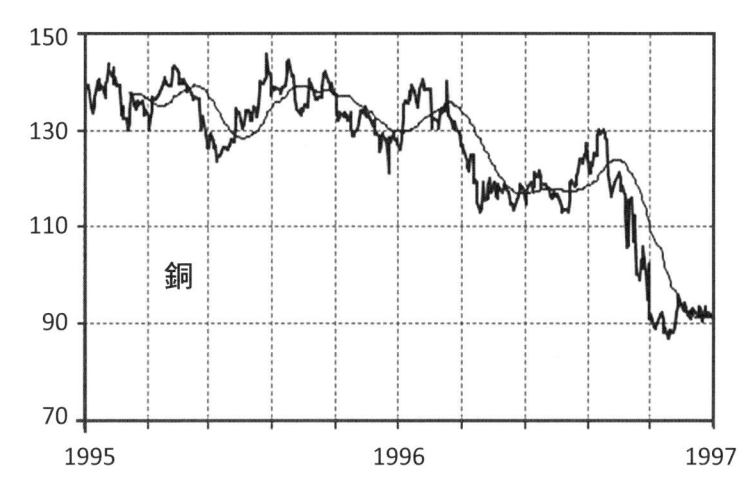

資料來源：彭博，2019 年。

揚，濱中持續透過祕密交易隱瞞累積的虧損。
- 然而，在 1996 年時，濱中被迫揭露 18 億美元的虧損。震驚的上級下令立即平倉所有部位，導致銅價在單日內重挫 27%，導致住友的虧損再增加 8 億美元。
- 1996 年的住友商事銅醜聞是史上最大的金融詐騙；一個人就導致 26 億美元的虧損。

第 18 章

黃金：歡迎來到叢林

1997 年

加拿大企業 Bre-X 在波羅洲發現黃金蘊藏，
總估計值逾 2 億美元。
大型礦業公司和印尼總統蘇哈托都想分一杯羹，
但是 1997 年 3 月時發現，
這原來只是史上最大規模的黃金詐騙案。

「地理上來說,這是我看過最棒的事!太大、太驚人了!太 ××× 驚人了!」
——約翰・菲德荷夫(John Felderhof),Bre-X 前探勘副總

「不可能是詐騙!多做些測試!搞清楚!我知道就在那裡,好嗎?」
——彼得・孟克(Peter Munk),貝里克黃金

聖彼得是位於大拿大亞伯塔省(Alberta, Canada)東北部只有五千位居民的偏遠社區。它唯一的觀光景點就是 1967 年 6 月 3 日成立的不明飛行物降落平台。然而,在 1990 年代中期,這個小鎮成為國際媒體的焦點:鎮上有五十分之一的居民是礦業公司 Bre-X 的股東,這間公司在三年內價值大增 500 倍。結果導致聖彼得鎮的百萬富翁人數忽然間大增。而人們的目光焦點集中在約翰・庫汀(John Kutyn)身上,他是當地一間儲蓄銀行的員工,他賣掉所有東西,包括汽車和機車,參與早期投資 Bre-X 公司。

聖保羅是加拿大一個只有五千居民的小社區,百萬富翁的居民人數忽然大增。

庫汀在鄰居和顧客之間散播消息,說發現了世界最大的黃金蘊藏。後來他在公司倒閉之前出脫所有股份,帶著一大筆錢到紐西蘭定居。

> **黃金在哪裡？**
>
> 根據世界黃金協會的估計，人類史上約已生產了 19 萬公噸的黃金，其中五分之一存放在中央銀行的金庫中。主要黃金生產國包括中國、澳洲、俄羅斯、美國和加拿大，其他還有秘魯、印尼、南非、墨西哥和迦納。這十國總計約占全球金礦生產量的 75%。先前世界最大黃金生產國是南非，現在產量只能敬陪末座。雖然南非稱霸全球黃金生產長達 30 年，但生產量已在 1970 年代觸頂。全球黃金貿易中心是倫敦金銀市場（London Bullion Market）大部分的需求來自珠寶業，其次是投資和工業應用。黃金產量最大的公司是貝里克黃金、紐曼礦業和金礦公司（Goldcorp）。

1980 年代時，加拿大的探勘公司大量增加，在全球各地尋找原油、黃金和其他大宗商品。其中一間就是在 80 年代末期，由前券商大衛・沃許（David Walsh）成立的 Bre-X。Bre-X 的股價最初為 0.3 加元（CAD），1993 年時跌至只值幾分錢。但是沃許和地質學家費德荷夫買下印尼婆羅洲布桑（Busang, Borneo）的探勘權時，情況開始反轉。

費德荷夫和同事麥克・德・古茲曼（Mike de Guzman）在 1980 年代中期為另一間公司探勘布桑，這兩人發現少量的黃金。1993 年 5 月 6 日，Bre-X 宣佈已購入布桑的授權。此時公司股價約為 0.5 加元。但是鑽探樣本確認，每公噸石塊的黃金蘊藏量超過六公克。由於三公克已被視為是很好的

結果,這個發現引起一場騷動。

布桑是史上最大黃金蘊藏嗎?

不久之後,分析師開始發現 Bre-X 的事。1994 年 3 月時,公司股價漲至 2.40 加元。經過了一年的探勘和測試,到了 9 月,Bre-X 的管理階層預估布桑的礦石資源約有 300 萬到 600 萬盎司的黃金。隨著 Bre-X 的鑽探結果愈來愈好,黃金專家和分析師發佈愈來愈樂觀的預估。

1995 年 11 月,布桑的黃金資源被預估超過 3000 萬盎司,到了年底時,Bre-X 的股價攀升至逾 50 加元!在 1996 年 5 月的年度股東大會上,公司估價約每股 200 加元,然後每一股被分割為十股。

估值持續上揚,到了 1996 年 6 月時,Bre-X 報告逾 3,900 萬盎司的黃金,7 月時達到 4,700 萬盎司,12 月時 5,700 萬盎司,1997 年時 7,100 萬盎司。不久後,菲德荷夫就公開臆測超過一億盎司的黃金。這本來會讓布桑成為史上最大的黃金蘊藏地。市場傳言甚至將預估量加倍:大約 2 億盎司,約 6,000 公噸的黃金就藏在婆羅洲的叢林裡!

雖然公司還沒生產出一盎司的黃金,Bre-X 的股價就已經飆漲了 500 倍。

1996 年 9 月初時,股價飆漲至最高點──28 加元(在

股票分拆前相當於 280 加元），市價則是逾 40 億加元。在短短的三年內，Bre-X 股價飆漲逾 500 倍，但是公司連一盎司的黃金都還沒生產出來！

與此同時，業界的大公司——培雷瑟鐸姆（Placer Dome）、紐曼礦業（Newmont Mining）、貝里克黃金和費里波麥墨藍（Freeport-McMoRan）——紛紛前往布桑佈局。時任印尼總統蘇哈托（Suharto）也想要分一杯羹。1996 年 12 月，印尼政府、Bre-X 和貝里克黃金同意將布桑瓜分。隔年的 2 月，費里波麥墨藍也加入瓜分的行列。

但是此時情況開始急轉直下。1997 年 3 月 19 日，麥克·德·古茲曼從直昇機上跳下來自殺。在盡責調查時，獨立鑽孔只發現極少量的黃金。一周後，實驗室的結果顯示 Bre-X 篡改了原始的結果。貝里克黃金的主管彼得·孟克臉上無光，也導致投資人恐慌。Bre-X 股價開始崩盤並且被暫停交易。稍後 Bre-X 宣告破產，股票變得沒有價值。

Bre-X 仍是加拿大史上最大的資本市場醜聞，也是全球史上最大的礦業醜聞，對加拿大股市的名譽造成的損害揮之不去。受害的大型投資人包括安大略市政職員退休基金、魁北克公共部門退休基金，及安大略教師退休基金。此外，許多小型投資人，包括約 200 名聖保羅的居民看著自己的錢蒸發。

Bre-X 股價崩盤。股票價值蒸發。

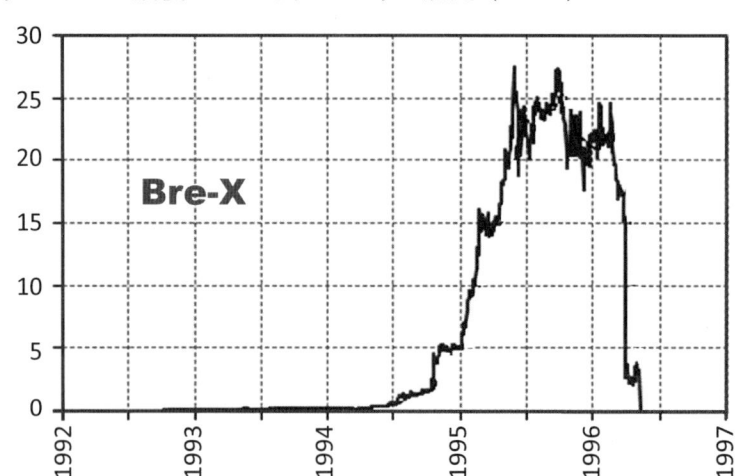

圖 14 Bre-X 股價，1992 到 1997 年，加元（CAD）。

資料來源：彭博，2019 年。

但不是每個人都因此受害。大衛・沃許在 Bre-X 股價崩盤前就出清股份獲利 3,500 萬美元，隨後搬至巴哈馬。約翰・菲德荷夫在 1996 年 4 月到 9 月間出售將近 300 萬股，總值將近 8,500 萬加元。他後來搬至開曼群島。Bre-X 醜聞最後在 2002 年塵埃落定，但是法律爭議仍持續至今天。

精華摘要

● Bre-X 醜聞至今仍是加拿大最大的礦業公司醜聞。
● 1993 年時，大衛・沃許和約翰・費德荷夫宣稱在婆羅洲

發現黃金蘊藏。他們的公司 Bre-X 從不到 0.3 加元的雞蛋水餃股，公司市價飆漲至 40 億美元。從 1993 年中到 1996 年中，Bre-X 股價飆漲 500 倍。印尼總統蘇哈托和大型跨國企業都想來分一杯羹。

- 但到了 1997 年 3 月，新的發現揭露了這是史上最大的黃金詐騙案。實驗室的結果確認該公司竄改黃金樣本。Bre-X 宣佈破產，股票變得一文不值。

第 19 章

鈀：比黃金還貴

2001 年

2001 年，
四種交易的貴金屬中——黃金、白銀、白金和鈀金，
而鈀金成為第一個價格突破
每盎司 1,000 美元心理價格的貴金屬，
在四年內價格漲了十倍。
漲勢的原因在於最大製造商俄羅斯持續延遲交貨。

「俄羅斯實際的鈀金庫存量是個被嚴密看守的國家機密」
——聯合國貿易與發展會議

俄羅斯是全世界鈀金市場的中心，因為它占世界全年產量非常高，以及該國從 1970 年代到 1980 年代採取的策略性庫存。由於鈀金主要是生產其他金屬時的副產品，例如白金或鎳，所以雖然鈀金的供給充足加上價格低廉，鈀金仍持續生產中。

俄羅斯主導全球的鈀金生產，而且具有相當大量的庫存。

大部分的鈀金來自俄羅斯——而且來自一個地方，西伯利亞北部的諾里爾斯克的鎳礦場。如果諾里爾斯克的鎳供給無法滿足需求，那麼由俄羅斯財政部和中央銀行監管的俄羅斯的貴金屬當局格科藍（Gokhran）就會補上缺口。

1990 年代末期，汽車觸媒的開發使鈀金成為一項重要的工業用金屬，而且因為價格相對便宜，而愈來愈被用於取代白金。但是俄羅斯的交貨不足，使得價格開始上升。

1997 年時，俄羅斯停止鈀金交貨七個月。隔年交貨再度停止。此外，分析師開始質疑鈀金的實際可用量。在 1997 年俄羅斯金融危機時，大量的鈀金似乎被西方國家的銀行當成信貸的抵押品。

鈀金價格從 120 美元漲至 1,000 美元，使得鈀金比黃金、白

> **鈀金入門**
>
> 鈀金以及白金、釕、銠、鋨和銥都屬於白金類金屬（platinum group of metal，PGM）。這類金屬市場超過半數仰賴汽車觸媒及其他工業加工，但鈀金也用於珠寶中。過去五年中平均約 50% 的鈀金開採自俄羅斯。其他重要的生產國包括南非，占全球產量略低於三分之一，美國占全球產量 15%。全年產量約 220 公噸，鈀金市場比金銀都要小得多（黃金一年 3 千公噸，白銀一年產量 2 萬 4 千公噸）。
>
> 倫敦貴金屬市場協會（LBMA）每日兩次定價是最受國際公認的價格參考，鈀金期貨則是在美國（NYMEX）和日本（TOCOM）交易。

銀和白金更值錢。

　　鈀金的價格從 1997 年初每盎司 120 美元升至 1998 年逾 200 美元。由於俄羅斯的供給持續中斷，那一年的 4 月，鈀金價格是 1971 年以來首次超越黃金。2000 年 2 月時，鈀金的價格飆漲至逾 800 美元，而這段期間黃金價格平均不到 300 美元。價格看似很穩定，但後來又再漲至 1,000 美元。

　　2001 年初時，鈀金是四種貴金屬中第一個突破 1,000 美元的心理防線的，其他三種貴金屬分別為黃金、白銀和白金。2011 年 1 月時，鈀金的量短缺推升價格將近 1,100 美元。鈀金的價值在四年內上漲近十倍。

圖 15 鈀金，美元／盎司，1998 年至 2004 年。

資料來源：彭博，2019 年。

但是好景不常。後來俄羅斯宣佈與日本的長期供給合約，預計於 2001 年 1 月開始，鈀金的價值跌到 200 美元。後來，在 2000 到 2010 年間，鈀金的榮景將價格再次推升至 600 美元，然後才穩定下來。但是這次只漲了三倍，而不像 2001 年的十倍漲幅。

2015 年重大的汽車排放醜聞（「柴油門」）再次推升鈀金的價格。當年 9 月，美國環保局（US Environment Protection Agency，EPA）對福斯汽車集團（Volkswagen Group）發出違反乾淨空氣法的通知。德國汽車製造商福斯刻意竄改資料及其柴油引擎中的軟體，以符合排放標準。醜聞擴大至其他汽車製造商，並提高世人對柴油車輛排放大量

污染的注意。

　　使用於汽油車觸媒的鈀金價格翻漲逾一倍，從 2015 年中的 500 美元到了 2018 年底漲破 1,100 美元。2019 年初時，鈀金的價格來到 1,320 美元，再次高於黃金價格。投資人都在想，這波漲勢會持續多久……。

精華摘要

- 逾九成的鈀金蘊藏位於俄羅斯和南非。鈀金（還有白金）主要使用於汽車觸媒系統中，以及相關的工業應用。
- 2001 年 1 月時，鈀金價格升至 1,100 美元，四年內漲了十倍。
- 鈀金價格比黃金、白銀或白金還要高，因為最大的生產與出口國俄羅斯，暫停出貨。
- 柴油門是指全球與柴油有關的排放醜聞，帶動新一波鈀金的漲勢，自 2015 年以來價格已漲逾一倍。

第 20 章
銅：劉其兵人間蒸發
2005 年

中國國家儲備局一名交易員放空 20 萬公噸的銅，
希望價格能因此下跌。
然而，當銅價漲至新高時，
這名交易員從此人間蒸發，
而且雇主矢口否認這個人的存在。
這個看似驚悚片的驚人故事震驚全世界。

「雇員中有交易員自作主張是一回事，這種事是難免的。但中國已經在這些市場中成為重要的一員，如果中國想要建立起這種自作主張的名聲，那我會很意外。」

──匿名交易員

劉其兵這個名字對西方人來說很難唸，但是在 2005 年 11 月，這位中國的銅交易員是倫敦、紐約和上海大宗商品期貨交易所的頭號話題人物。當時市場流傳著銅市有大量投機性的空單部位：劉其兵是中國國家儲備局（Chinese State Reserve Bureau，SRB）的交易員，據說在倫敦金屬交易所放空總額 10 萬到 20 萬公噸的期貨合約。

不同於將近十年前日本的濱中泰男，劉其兵炒作標的是下跌的銅價。但是銅的價格仍持續上漲，而且市場傳說大量空單暫時推升倫敦三個月期銅合約至歷史新高，將近每公噸 4,200 美元。

銅價在進入 2000 年前就開始攀升。2003 年 12 月，銅價首次升破每公噸 2,000 美元，而前幾年的平均價格僅略高於 1,500 美元。幾個月後，價格突破 4,000 美元。觸發這個發展的是中國經濟的需求，因為基礎建設和營建業需要的銅愈來愈多。

雖然經濟合作開發組織（Organisation for Economic Co-operation and Development，OECD）成員國當時總共使用全球的銅產量約占 80%，但中國的成長動能更快。經合組織國家前五年每年的銅使用量平均增加 2.5%，而同一段時間

中國的需求增加 15%，而供給成長卻沒有彈性。在最高峰時，中國的需求成長占全球需求成長超過 80%。

中國把全球銅市供給全部榨乾。

那時光是中國就占全球銅消耗量的四分之一。與此同時，因為需求增加而生產者的反應太慢，工業用金屬的價格持續上揚。銅價從每公噸 1,500 美元飆漲至 9,000 美元。生產者不願意增產有幾個原因：第一，新礦場的開發需要幾年的時間，才能開始供應第一公噸的銅。第二，許多生產者不認為高銅價會持續下去，因此延後了長期的投資專案。

但是到了 2004 年，現有專案的延長和新礦場的啟用進入決定性的階段。專家──包括全球最大銅生產商，智利國家銅業公司（Chilean Codelco）和中國國儲局──都預期供給會在 2005 年底時增加，而銅價的漲勢應該會終止。結果，這個錯誤的預估令中國付出龐大的代價。

與預期相反的是，幾乎所有主要生產商都有生產的問題。成本大增，油價上揚、罷工甚至是地震，都造成了持續的影響。銅市額外的供給預估會減緩，而需求則是受到中國強勁的經濟成長所推升。結果，銅價穩定上揚。市場上關於劉其兵的空頭部位傳聞更是帶動漲勢，因為倫敦、紐約和上海的大宗商品期貨交易所的銅庫存達到 30 年最低水準。

《中國日報》報導，劉其兵為國儲局以每公噸 3,300 美元的價格出售 13 萬公噸的銅。銅價漲至逾 4,000 美元時，

圖 16 銅價，美元／公噸，2003 到 2007 年，倫敦金屬交易所（LME）。

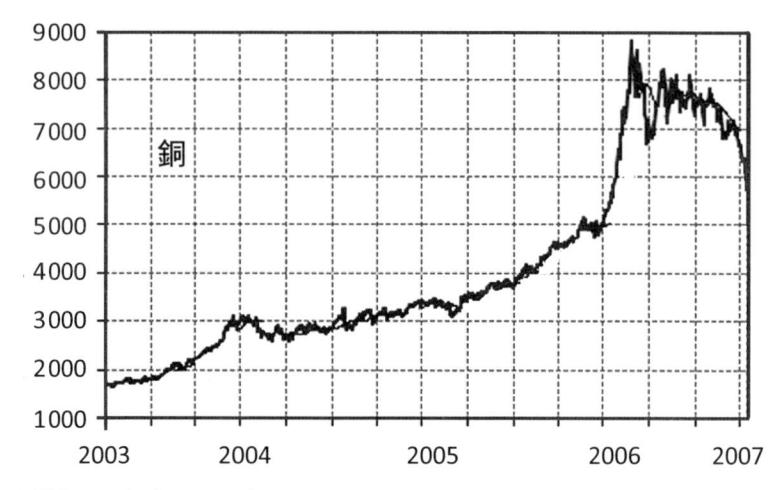

資料來源：彭博，2019 年。

劉其兵中斷和倫敦與中國其他交易員的聯絡，從此人間蒸發。他的手機打不通，位於北京的十樓公寓大門從此再也沒打開過，而且也沒出現在上海的辦公室。

這名中國交易員中斷所有的聯絡，不再接手機，雇主則是矢口否認他的存在。

　　一開始，劉其兵的雇主否認有這個人的存在。後來中國國儲局宣稱，這名交易員是自行交易。中國國儲局成立於 1953 年，宗旨是穩定大宗商品交易價格和確保供給穩定，而不是透過投機獲利。業界專家認為這位 36 歲的交易員只

是一枚棋子，而非背後主要的作手，而中國的消息來源指出他被軟禁在家中。

劉其兵是湖北省一位農民之子，從 1990 年即在中國國儲局工作，而且在倫敦金屬交易所受訓進行期貨和選擇權交易。2002 到 2004 年，據稱劉其兵操作高風險的銅交易而為中國國儲局賺進三億美元。此時，中國正面臨上億美元的虧損。因此，北京方面試著透過銅拍賣來壓低全球市場的價格。

在第一部份拍賣時，售出五萬公噸。接著拍賣等量的第二批，而北京當局則是放話說中國有 130 萬公噸的銅儲備。然而，市場參與者預估實際可賣的銅其實只有一半。中國政府的拍賣計畫失敗，因為愈來愈多市場參與者取得相反的部位，以迫使中國在 12 月底時交割實體銅商品。

在中國被稱為「鱷魚」的避險基金看到短期獲利的機會。銅價於 2006 年 1 月攀升至 5,000 美元，4 月初時漲至 6,000 美元，4 月底時漲至 7,000 美元。5 月時漲到令人頭暈的近 8,800 美元，接下來的幾個月才恢復正常水準。

精華摘要

- 和十年前的日本交易員濱中泰男一樣，中國交易員劉其兵在市場上站錯邊。他投機銅價下跌，結果出現鉅額虧損。

- 劉其兵是中國國儲局的雇員，該組織處理中國經濟對大宗商品的需求。市場情報預估劉的空頭部位約在 10 萬到 20 萬公噸的銅。
- 銅價從 2003 年的每公噸 1,500 美元漲到 2006 年的 9,000 美元，劉其兵被稱為「自作主張的交易員」，自此人間蒸發。

第 21 章
鋅：淹沒和浮出水面
2005 年

紐奧良市有「愜意之都」之稱，
以爵士樂、狂歡節和克利歐美食聞名。
然而，較不為人所知的則是全球
約有四分之一的鋅庫存則存放於此。
卡翠娜颶風導致鋅庫存無法取得，
市場憂心鋅庫存受損導致鋅價上揚至歷史高點。

「全都被毀了…太嚴重了。」
——小布希（George W. Bush），卡翠娜颶風風災時在任美國總統

　　鋅在倫敦金屬交易所交易，每公噸以美元計價，是世界上第三大金屬市場，僅次於銅和鋁。但在 2000 年代初期，鋅和鉛被視為比銅和鋁還要醜的姊妹，因為多年來鋅和鉛的價格低廉、對礦業公司來說開採利潤低。全球供給量不高。

　　即使因中國經濟成長帶動 2003 年對工業用金屬的興趣大增，鋅價的漲勢仍落後其他工業用金屬。但是中國在金屬短缺上扮演著重要的角色：2004 年中國成為鋅的淨進口國，2005 年 1 至 7 月淨進口量為 6 萬 7 千公噸，相較之下，前一年全年只進口了 1 萬 5 千公噸。國際鉛與鋅研究集團（International Lead & Zinc Study Group）預估市場到了 2005 年底將有 20 萬公噸的缺口，但前五個月仍過剩 5 萬公噸。

　　雖然全球庫存量仍持續減少，許多生產商仍不願意提高供給量。「此時我們這一行沒有人急著建設新的鋅礦場」全球第三大鋅生產商 Zinifex（僅次於超達〔Xstrata〕和泰克資源〔Teck Cominco〕）的執行總裁葛瑞格‧蓋利（Greig Gailey）於 2005 年解釋。「我們不想，泰克資源和獵鷹橋（Falconbridge）也不想。」

　　此時鋅價約在每公噸 1,200 美元左右，前兩年在 750 到 850 美元區間徘徊，然後在 2004 年初漲破 1,000 美元。

倫敦金屬交易所在做什麼？

在倫敦金屬交易所交易的金屬包括銅、鋁、鋅、鉛、鎳和錫，還有鉬、鈷和鋼。為了趕上電器化和電動車的機會，倫敦金屬交易所打算在近期引進鋰、錳和石墨期貨合約。交易共有兩次，分別是上午和下午，並在開放交易廳（open pit）進行交易，以決定每日官方交易價格。在包括洲際交易所（ICE）、芝商所（CME）和納斯達克經過九個月的競標後，2012 年，有 137 年歷史的倫敦金屬交易所同意香港交易及結算所有限公司以 10 億英鎊收購案。全年交易量逾 12 兆美元的倫敦金屬交易所是全世界最大的金屬交易所，其次為新加坡與紐約的金屬交易所。

倫敦金屬交易所的遠期契約是實體交割契約，庫存都存放於交易所核可的倉庫中。根據交易所的交割單進行交割，交割單持有人有權在指定的存放點取得指定的金屬量。目前在美國、歐洲和中東與亞洲共 32 個地方有逾 400 間倉庫。

全球約 25% 的鋅庫存集中於紐奧良的倉庫中。

總而言之，情況到 2005 年 8 月前都是如此。卡翠娜颶風如原子彈般重創紐奧良市。這場五級颶風造成美國東南部嚴重災害，但紐奧良受創最深，都會區幾乎完全淹沒於海平面下。

第 21 章
鋅：淹沒和浮出水面

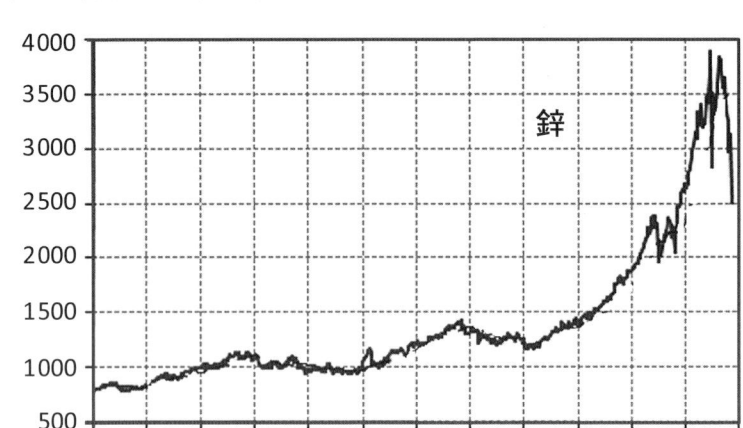

圖 17　鋅價，美元／公噸，2003 到 2006 年，倫敦金屬交易所。

資料來源：彭博，2019。

　　由於紐奧良市密西西比三角洲的地理位置和極佳的經濟條件，24 間倫敦金屬交易所的官方倉庫座落於此地。除了 25 萬公噸的鋅外，還有 1,200 公噸的鋁和 900 公噸的銅都存放於此。

　　國際鉛與鋅研究集團估計此時全球鋅庫存約略高於 100 萬公噸──相當於 35 天的全球供給量。因此紐奧良的庫存占全球庫存約四分之一，其中半數的鋅於倫敦金屬交易所交易。然而，洪水對紐奧良市造成嚴重的破壞，導致鋅庫存忽然變得非常難以取得。

　　興業銀行（Société Générale）的金屬分析師史帝芬・布里格斯（Stephen Briggs）摘要當時的情況說道：「情況的

> **誰需要鋅？**
>
> 鋅主要的用途是防止其他金屬或合金生鏽，例如鐵或鋼，大部分的需求是基礎建設、營造和運輸業。鋅是生產鉛時的副產品，全球開採量約為 1,100 萬公噸。中國、澳洲、秘魯、美國和加拿大是全球最大的鋅生產國；澳洲和加拿大也是最大的鋅出口國。不同於其他較集中的銅或鎳市場，全球十大鋅生產公司的產量占全球產量不到 50%。

發展可能會很嚴重⋯市場認為鋅庫存已受損，而且很長一段時間無法取得。」

消費者因此以為會發生最糟的情況。投機者則預期紐奧良的倉庫交貨延遲，9月2日鋅價漲至五個月新高。雖然在前一周已確認交割，但9月6日倫敦金屬交易所決定暫停從其倉庫提供鋅。因此倫敦鋅價暴漲至每公噸 1,454 美元，為 1997 年以來最高。兩天後，倫敦交易所的執行長賽門・席勒（Simon Heale）確認由於無法前往紐奧良的倉庫，延後交割直到 2006 年底。

到了年底，鋅價突破 1,900 美元，不到兩周後又達到 2,400 美元。但這只是開始：情況惡化使得價格終於在 2006 年上半年達到 4,000 美元，同年 11 月則是創下將近 4,600 美元的新高。

到了 2007 年，恐慌結束：從 8 月開始，鋅價連跌 12 個

月,從 3,500 美元一路跌到剩下不到 1,500 美元。

精華摘要

- 只有市場內部人士知道紐奧良市的倉庫存放全球四分之一的鋅,而且半數於全球最大實體金屬市場倫敦金屬交易所交易。
- 2005 年 8 月,卡翠娜颶風重創紐奧良,導致該地區大片區域淹水,無法取得當地的鋅庫存。
- 由於鋅的短缺,鋅價從 2005 年夏季的 1,200 美元攀升至 2006 年 11 月的 4,600 美元。

第 22 章

天然氣：
布萊恩杭特和阿瑪蘭斯的倒閉
2006 年

以投資能源為主的避險基金母岩的倒閉
拖累阿瑪蘭斯顧問公司倒閉，
成為 1998 年長期資本管理公司之後
最大的避險基金倒閉案，撼動了金融業。
為什麼？投資美國天然氣期貨失敗。
阿瑪蘭斯的能源交易員布萊恩・杭特
在數周內虧損 60 億美元。

「市場維持不理性的時間會比你能維持償債能力的時間還久。」

　　——凱因斯（John Maynard Keynes），經濟學家

　　2006 年 9 月，消息有如地震般撼動金融市場：市值 100 億美元的阿瑪蘭斯避險基金顧問公司（Amaranth Advisors）因投機天然氣而在兩周內虧損三分之二的資本，而且即將倒閉。僅僅幾周前，專門從事天然氣期貨投資的避險基金母岩（MotherRock）才剛倒閉。這些事件的主因可回溯到幾年前。

　　經歷了 2004 和 2005 年的颶風季後，許多避險基金開始對能源市場感到興趣。艾文、卡翠娜、莉塔和威瑪颶風都造成墨西哥灣的原油和天然氣生產設備損毀，導致嚴重的供給短缺。

天氣與避險基金炒作，將天然氣價格自 6 美元推升至超過 15 美元。

　　這些極端天氣事件以及相對穩定的冬季需求，導致價格劇烈波動，在某些情況下甚至造成能源價格飆漲，尤其是天然氣。雖然 2004 年到 2005 上半年時天然氣價格介於 6 到 7 美元，颶風季推升天然氣價格到了 12 月時至漲至 15 美元。生產中斷持續了好幾個月，但暖冬、沒有大型風暴和進口量增加等因素，都減輕了 2006 年對天然氣價格的衝擊。

> **關於天然氣**
>
> 天然氣是美國最重要的能源來源之一，市占率將近 25%。家用暖氣、發電和其他工業用途總計占 80%。但是占總需求 20% 的暖氣用途卻是季節性的：冬季月份的需求量大，夏季則較小。
>
> 美國的天然氣生產集中於德州、墨西哥灣、奧克拉荷馬州、新墨西哥州、懷俄明州和路易斯安納州。德州和墨西哥灣地區總計占全國產量逾 50%。還有占美國使用總量的 15% 則是進口自加拿大或是以液化天然氣的形式進口。
>
> 天然氣於紐約商品期貨交易所進行交易，代號為 NG 加上指標合約月份，以美元計價，單位為每百萬英制熱單位（1MMBtu 等於 26.4 立方公尺天然氣，能量含量為每立方公尺 40 百萬焦耳）。

相較於當年的歷史高點，紐約指標天然氣價格跌了三分之二。9 月時天然氣交易價為 4 美元。劇烈的價格波動吸引短期操作的交易員對天然氣的興趣，但天然氣期貨合約曲線提供更有意思的投資機會。

炒作不同合約到期日的價差變化是許多人喜歡的交易策略，尤其是避險基金：交易員同時買進相同大宗商品的多頭與空頭部位，根據價差擴大或縮窄交進行交易，也就是期間結構的陡然變化。

2006 年時，美國天然氣市場的兩大避險基金投資人分

圖 18 天然氣價格，美元／英制熱單位，2003 至 2007 年，紐約商品期貨交易所。

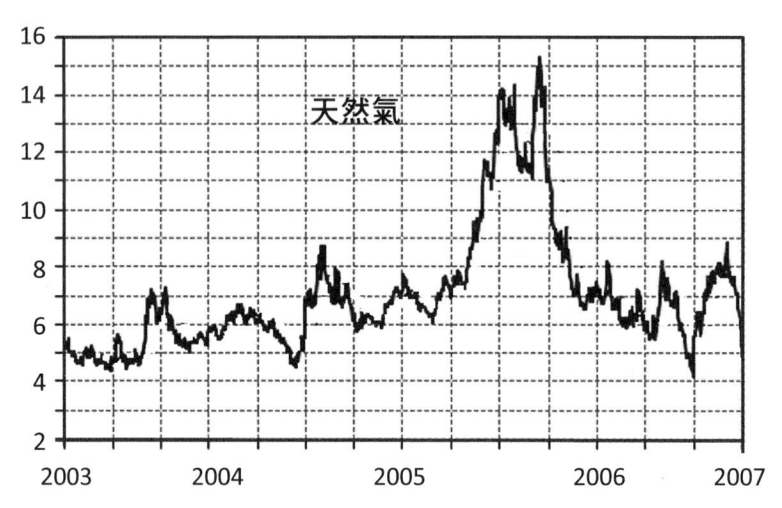

資料來源：彭博，2019 年。

別是市值 90 億美元的阿瑪蘭斯顧問公司的能源交易主管布萊恩・杭特（Brian Hunter），還有管理 4 億美元資產的母岩的執行長羅柏・柯林斯，又叫「老柏」。母岩能源主要基金於 2004 年 12 月推出，2005 年投資人獲得的報酬率為 20%。

當時有些投資人知道，柯林斯和杭特持有 3-4 月以及 10-1 月天然氣期貨合約相反的部位。2006 年 7 月時，2007 年 3、4 月天然氣期貨價差達到 2.60 美元。杭特的投資決策認為，接下來寒冷的季節會使價差升高。相反的，母岩則是押注價差會修正。

布萊恩・杭特是誰？

生於 1975 年，布萊恩・杭特是加拿大數學家和避險基金經理人。他於 2001 到 2004 年在紐約的德意志銀行工作，並於 2001 到 2002 年間交易天然氣期貨獲利 1,700 到 5,200 萬美元。然而，在一周內損失高達 500 萬美元後，杭特遭到解雇。他也因此轉往阿瑪蘭斯。

因為在卡翠娜和莉塔颶風後炒作天然氣獲利超過 10 億美元，使得杭特成為華爾街傳奇人物。到了 2006 年 8 月，他的獲利已達 20 億美元。然而，他在一周內累積的虧損是獲利的三倍，對阿瑪蘭斯造成嚴重的問題。在離開阿瑪蘭斯後，杭特於 2007 年成立新的避險基金。

員工約有 360 人的阿瑪蘭斯，一開始時是專注於可轉換套利的基金。隨著獲利機會減少，公司轉向能源產業。公司主導著金融市場上的美國天然氣交易，例如紐約商品交易所和洲際交易所，單日在市場上買賣成千上萬筆合約。

阿瑪蘭斯一個月持有十萬張天然氣合約，占總美國全年天然氣用量約 5%。光是在紐約股市，2006 到 2007 年的冬季（10 月到隔年 3 月）阿瑪蘭斯就控制在外流通合約中的 40%，以及所有 11 月期貨合約中的四分之三。

阿瑪蘭斯顧問和母岩對市場走向持反向態度。

2006 年 6 月及 7 月時，波動劇烈的天然氣價格令母岩

圖 19 2007 年 3 月與 4 月到期的天然氣價差，美元／英制熱單位，紐約商品交易所。

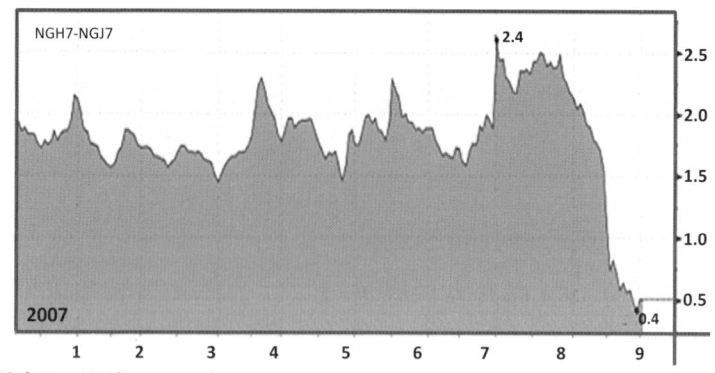

資料來源：彭博，2019 年。

能源基金損失慘重。稍早之前，美國商務部公佈天然氣庫存增加 12%。結果天然氣價格在一周內大跌 12%。投資人贖回股份加重母岩的壓力，虧損增至逾 2 億美元。然而，這個避險基金的高虧損主要並非因為「正常的」價格下跌。

後來參議院調查確認阿瑪蘭斯買進大量三月期合約和出售四月期合約，扭曲了天然氣的價差，到了 2006 年 7 月 31 日價差增加逾 70%。母岩的部位嚴重惡化到繳不出保證金。母岩倒閉，2006 年 8 月時部位到期。布萊恩·杭特勝利，但他的勝利是短暫的。

夏末時，天然氣價格開始展開跌勢，在紐約商品交易所 10 月到期的合約，從 7 月的 8.45 美元跌到 9 月的 4.80 美元，是兩年半來最低點。2007 年 3 月和 2007 年 4 月到期的期貨合約價差，從 6 月時的高點近 2.5 美元，到 9 月時不到 0.5

圖 20 天然氣的期貨期限結構，美元／百萬英熱單位，2010 年，紐約商品期貨交易所。

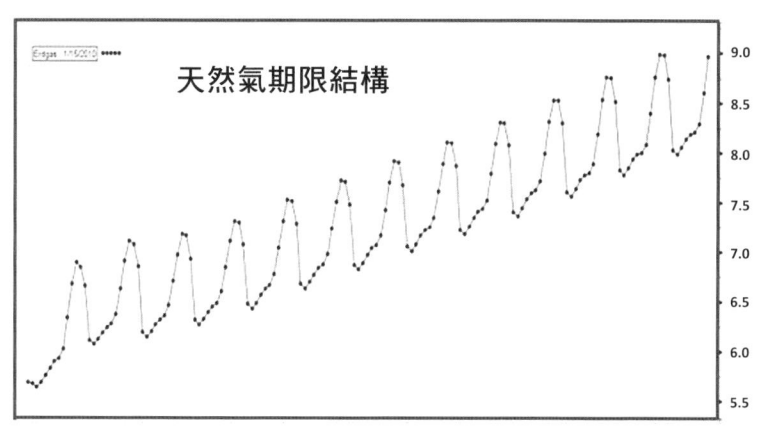

資料來源：彭博，2019 年。

美元——重挫約 75%！

到了 8 月底，阿瑪蘭斯持有約 10 萬張 9 月和 10 月到期的合約，多空部位都有。總計部位非常龐大，因為這 10 萬張合約光是 0.01 美元的變動，價值就高達 1,000 萬美元。這麼龐大的交易量造成天然氣價格與期貨的期限結構顯著波動，也就是價格與不同到期日之間的關係。

基金的總部位增至約 180 億美元。9 月合約上漲 0.6 美元，以及 10 月與 9 月價差下跌，令阿瑪蘭斯面臨鉅額虧損。

8 月 29 日，獲利與虧損計算顯示天然氣單日價值下跌剩下不到 6 億美元。隔天的保證金金額更高：因為價格續挫，保證金金額升至 9.44 億美元。兩天後，阿瑪蘭斯的保證金

義務超過 25 億美元。一周後，9 月 8 日當天，阿瑪蘭斯的保證金義務超過 30 億美元。

阿瑪蘭斯的總部位加起來達到 180 億美元。9 月時的保證金義務升至逾 30 億美元。

　　由於能源市場的價格波動仍高，而且因為炒作造成的虧損引發摩根士丹利（阿瑪蘭斯的主要投資人之一，還有瑞士信貸和德意志銀行）的憂慮，迫使阿瑪蘭斯必須還款。

　　阿瑪蘭斯管理的資金在一周內從 90 億降至 45 億美元。基金創辦人尼可拉斯・毛尼斯（Nicholas Maounis）在給投資人的信中指出，因為美國天然氣價格波動導致公司將大幅減持部位，投資人到年底將面臨 35% 的虧損，但是四周前，該基金的獲利為 26%。

　　阿瑪蘭斯這個名稱源自希臘文「不凋零」，但現在看起來，公司的獲利凋零得很嚴重。除了個別投資人之外，受害的投資人還包括瑞士信貸、摩根士丹利和德意志銀行的傘型避險基金。2007 年 7 月 25 日，商品期貨交易委員會（Commodity Futures Trading Commission）指責阿瑪蘭斯和布萊恩・杭特試圖操縱天然氣價格。杭特當時已去職並成立新的避險基金索蘭格資本顧問（Solengo Capital Advisors）。

　　當阿瑪蘭斯於 2006 年 9 月倒閉時，投資人被告知暫停贖回。十年後的 2016 年，阿瑪蘭斯的投資人仍在等待領回本金。

精華摘要

- 2005 到 2006 年時，能源市場是熱門話題。天然氣價格從 6 美元攀升至 15 美元，但是夏季時市場轉向開始大跌。2006 年 9 月時天然氣跌到剩下不到 5 美元。
- 布萊恩・杭特累積了 180 億美元的天然氣部位。到了 2006 年 8 月，他的交易獲利 20 億美元。但後來市場開始轉向對他不利。在數周內他就虧損 60 億美元，阿瑪蘭斯顧問於 2006 年 9 月倒閉。
- 阿瑪蘭斯顧問的倒閉撼動金融圈。這是 1998 年長期資本管理公司（Long-Term Capital Management）以來最大的避險基金倒閉案，而投資人一毛錢也沒拿回。

第 23 章
柳橙汁：間接傷害
2006 年

「格局要大、想法積極。絕對不會展現弱點。
一定要朝致命傷出擊。買在低點、賣在高點。」
這是電影《你整我，我整你》中
艾迪墨菲扮演的比爾‧瑞‧瓦倫亭的哲學。
電影結局是墨菲和丹艾克洛伊壟斷柳橙汁市場。
在現實生活中，冷凍柳橙汁濃縮液的價格，
在 2004 到 2006 年於紐約商品期貨交易所大漲四倍——是
創記錄的颶風季造成的後果。

「我的天啊！公爵們要壟斷整個冷凍柳橙汁市場！」
──丹・艾克洛伊飾演電影《你整我，我整你》中的角色路易斯・溫索普

　　1983 年的票房強片《你整我，我整你》（Trading Places）由艾迪墨菲（Eddie Murphy）和丹艾克洛伊（Dan Aykroyd）主演，以紐約商品交易所根據美國農業部的資料交易柳橙汁的亂局為結局。劇情並不荒誕，因為紐約商品期貨交易所交易的冷凍柳橙汁濃縮液價格確實受天氣的影響很大。

　　佛羅里達州和巴西聖保羅地區是柳橙的主要產地，當地的颶風、霜雪或乾旱都會導致隨著季節變動的價格波動，也會影響其他農業大宗商品。5 月的巴西霜雪，以及 11 月的佛羅里達颶風造成的風險溢價，都會導致價格升高，而 2 月和 9 月則通常價格較低。即使是輕微的風暴也可能導致水果減產。

　　美國有氣象記錄以來，2004 和 2005 年的颶風季最頻繁。

　　嚴重的暴風雨可能破壞整個農場，最糟的情況還會造成連續多年收成減少，因為新的農作物在三、四年內還不會結果，而且要種植八年後才能大量生產水果。暴風雨也可能造成害蟲和疾病的擴散，可能嚴重影響單一作物種植農場的收成。2004 到 2006 年為柳橙汁價格創造了「完美風暴」，甚至令 2005 年颶風季造成的原油價格大漲也相形失色。

　　佛羅里達的柳橙產業經常因為補助造成產量過剩。結果在收成好的時候，收入反而變低。2004 年的柳橙收成非常

> **關於水果**
>
> 世界各地熱帶與亞熱帶地區都有種植柳橙，但兩個國家的柳橙產量最多。全球逾 50% 的產量來自巴西聖保羅地區以及美國佛羅里達州。在收成時，柳橙通常會以 90 磅，也就是 40.8 公斤裝箱。將柳橙製成濃縮汁液，不論是在儲存、保存期間和運送上都比柳橙本身或果汁更具優勢。
>
> 柳橙汁是以冷凍濃縮液期貨在紐約交易。期貨合約是指 15,000 磅重的濃縮液，相當於 2,300 到 2,500 盒的柳橙汁。在正常的情況下，羅佛達州的柳橙收成能提供 2 億箱，價值約為 12 億美元。

好，結果 2004 年 5 月的柳橙價格比前一年低了 35%。美國農業部預估 2004 年收成量為 2.45 億箱，較前一年的收成 2.03 億箱好得多，甚至可能超過 1997 到 1998 年收成季的最高記錄 2.44 億箱。

此外，艾特金斯減肥法（Atkins diet）鼓吹避免攝取碳水化合物（包括柳橙汁裡的糖）風靡一時，導致需求明顯下滑。到了 2004 年 5 月底時，紐約的柳橙汁交易每磅只有 0.54 美元。

但後來情況開始改變。艾特金斯減肥法不再受歡迎，柳橙汁的需求再度回升。2004 到 2005 年的四場颶風——查理、法蘭斯、艾文和琴恩颶風——影響佛羅里達柳橙供給。根據佛州柳橙互惠產業協會，光是威瑪颶風就造成 3500 箱柳橙損失，大約是 17% 未收成的水果。

值得記得的暴風雨

大西洋颶風季通常從 6 月 1 日開始到 11 月 30 日，颶風季平均會發生六次颶風。也有例外的情況：2004 年颶風季是有氣象記錄以來最頻繁、代價也最高的颶風季之一。風和洪水造成至少三千人喪生和 500 億美元的財產損壞。最嚴重的暴風雨——查理、法蘭斯、艾文和琴恩颶風——全都登陸美國，而且全都襲擊佛羅里達州。

但 2005 年的颶風季更嚴重。這是有氣象記錄以來最頻繁的颶風季，共發生了 28 次暴風雨，包括 13 次颶

從底部 0.55 美元開始，冷凍柳橙汁濃縮液漲至 2 美元。漲幅高達四倍！

2005 年美國農業部預測收成只有 1.35 億箱，也就是比前一年已經低於平均的收成還要更少。市場觀察者預期，因為暴風雨和害蟲造成的損害，將創下 17 年來最低收成。從 2004 年 5 月一開始在紐約交易不到 0.55 美元的柳橙汁濃縮液，在兩年半內漲幅超過四倍。

柳橙汁價格漲到 1990 年以來最高水準。

2005 年 10 月，價格突破心理價位 1 美元，而漲勢仍持續。柳橙汁價格漲破 2 美元時創下 1990 年 1 月以來未有的價格。2006 年 12 月，柳橙汁價格再次漲破 2 美元。

風,其中 4 次是五級暴風。薩菲爾 - 辛普森颶風風力等級（Saffir-Simpson scale）的五級暴風表示颶風的風速超過時速 251 公里。2005 年的暴風造成 2,300 人喪生,損害超過 1,300 億美元。

丹尼斯、艾蜜莉、卡翠娜、莉塔和威瑪颶風,造成當年最嚴重的災情。卡翠娜颶風在 2005 年 8 月造成美國東南部地區嚴重的破壞,對紐奧良市的衝擊特別大。然而,威瑪颶風打破所有的記錄,現在被認為是史上最強暴風。

2005 到 2006 年,美國和巴西的柳橙種植開始比前一年微幅回升。但是供給仍比 2003 到 2004 年低了 30%。最後在 2007 年時柳橙汁的價格跌回到 1.20 到 1.40 美元之間。到了 2008 年,價格恢復到低於 1 美元的正常水準。

精華摘要

- 農業大宗商品受到極端天氣的影響很大。因為大西洋颶風季的影響,2004 到 2006 年的冷凍柳橙汁濃縮液漲幅高達四倍。
- 2005 年 10 月,價格漲破 1 美元,並持續攀升。2006 年 12 月,柳橙汁價格漲破 2 美元,為 1990 年 1 月以來首見。

圖 21 冷凍柳橙汁濃縮液價格，美元／磅，2002 到 2006 年。

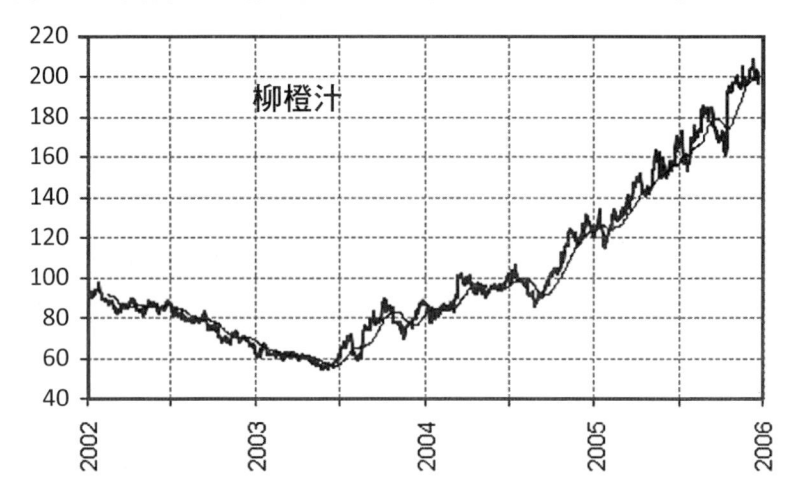

資料來源：彭博，2019 年。

- 因為美國農業部的農作物報告關於天氣的資訊，引發冷凍柳橙汁濃縮液市場壟斷行為，是 1983 年電影《你整我，我整你》虛構的情節，由艾迪・墨菲和丹・艾克洛伊主演。

第 24 章
約翰・弗雷德里克森:海狼
2006 年

約翰・弗雷德里克森
掌控負責運輸原油的企業帝國。
這個帝國的明珠之一是美威集團,
全球最大水產公司。

「你是靠著死人生存的。你從來沒有自己的本事。你沒有哪一天是靠自己填飽肚子的…」
──小說《海狼》(The Sea Wolf),傑克・倫敦(Jack London)著

　　年輕貌美的 26 歲雙胞胎姊妹凱薩琳(Kathrine)和希希莉(Cecilie)無可避免地會和社交名媛巴莉絲・希爾頓(Paris Hilton)相提並論。她們都在《富比世》「最性感的億萬富翁女繼承人」榜上有名,這對姊妹與伊萬卡・川普(Ivanka Trump)和荷莉・布蘭森(Holly Branson)相當。她們目前為止都和醜聞劃清界線,而且姊妹倆都開始追隨父親約翰・弗雷德里克森(John Fredriksen)的腳步。《富比世》估計這位 74 歲挪威船王的財富超過 80 億美元。但由於挪威的稅賦極高,弗雷德里克森以塞浦路斯公民身份居住在英國倫敦。

　　弗雷德里克森於 1944 年 5 月 11 日生於奧斯陸,和許多前人一樣靠著原油致富。他在 1970 年代的石油危機期間創業時,就已經在海運業工作過,並建立起油輪船隊,而且是現今最大的船隊之一。他在 1980 年代伊朗和伊拉克戰爭時靠著高風險投資,以及在種族隔離政權下的南非運送石油而致富。

　　現在的弗雷德里克森透過直接或是投資公司間接持有,而成為龐大企業帝國之首。他是百慕達註冊的海運公司前線(Frontline)的最大股東,該公司透過格拉爾(Golar

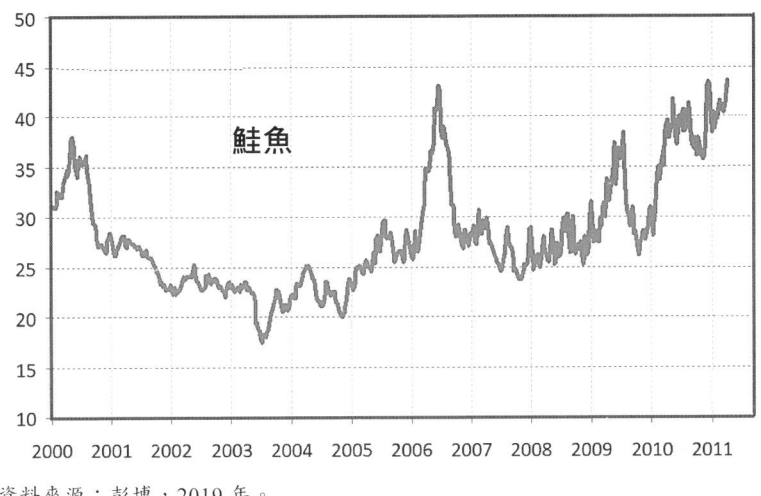

圖 22 挪威鮭魚價格，挪威克朗／公斤，2000 到 2011 年。

資料來源：彭博，2019 年。

LNG）控制液化天然氣公司（Liquefied Natural Gas，LNG）的船隊，並且參與經營鑽油平台公司海鑽（SeaDrill）和海運公司黃金海集團（Golden Ocean Group）及海外航運集團（Overseas Shipholding Group）。

弗雷德里克森在德國是途易集團（TUI Group）的大股東，也鼓吹出售貨櫃船分公司赫伯羅德（Hapag-Lloyd），以整合海運業。2010 年前弗雷德里克森持有途易旅遊（TUI Travel）最多股權，對公司的經營和策略具有重大的影響力。這位挪威富豪已經在漁業建立起名聲，現在又控制全球最大漁業公司美威集團（Marine Harvest）。

改編自傑克・倫敦的知名冒險小說《海狼》的 1971 年

> **關於水產業**
>
> 全球最大漁業國家是中國、秘魯、印度和日本。歐洲則是由挪威、丹麥和西班牙的漁獲量最多。2015年全球漁業產品出口總值達960億美元。水產養殖處理控制的養殖魚、淡菜、螃蟹和藻類，而且全球對這些的需求快速成長：
>
> 根據聯合國糧農組織的資料，將近1.5億公噸的漁獲中，超過三分之一來自養殖業，而且比重還在上升。經濟合作開發組織和糧農組織估計到了2020年，養

德國電視劇中，雷幕德‧哈姆史多夫（Raimund Harmstorf）扮演沃夫‧拉森（Wolf Larsen），用壓扁的生馬鈴薯來表達他的世界觀——吃，或是被吃。這個比喻很適合用來形容挪威海狼約翰‧費雷德里克森。

2000年代初期，因為魚價低廉使挪威水產業經歷財務困境。尤其是成立於1992年的潘恩水產公司，從2000年開始即陷入掙扎。

弗雷德里克森透過投資公司格林威治控股（Greenwich Holding）控制潘恩漁業將近50%的股權。2005年6月，他成功取得公司剩下的股份。2005年第二季時，弗雷德里克森又透過傑威藍貿易公司（Geveran Trading）取得峽灣海鮮（Fjord Seafood）24%的股份。2005年10月時，峽灣海鮮提議收購養殖公司瑟麥克，但因為挪威政府的反對而失敗。

弗雷德里克森於2006年3月採取下一波重大行動：現

殖水產將占總水產近 50%。

養殖魚類的優點是價格低廉，有些人認為養殖場能減輕海洋過度捕撈的問題；根據糧農組織的估計，超過 70% 的漁場已經被認為是「過度捕撈」。然而，也有人指出養殖的缺點：養殖的肉食性魚類，例如鮭魚和鱒魚，食量比野生捕獲魚的重的好幾倍；而且將魚養在不自然的大型密集養殖場會有特別不利的後果，尤其是環境條件不佳的國家，例如東南亞或南美洲，因為會過度使用肥料和使用抗生素。

在全球最大魚飼料製造商泰高集團（Nutreco）以近九億歐元的價格，出售 75% 的美威集團持股給傑威藍貿易公司，美威自從 1970 年代即在智利從事養殖。剩下的股份則由挪威公司史托特尼爾森（Stolt-Nielsen）所取得。

2006 年 12 月 29 日，潘恩水產、峽灣海鮮和美威集團合併成為新的美威水產集團。全球最大水產養殖公司，現在由約翰・弗雷德克里森所掌控。

精華摘要

● 約翰・弗雷德克里森是傑克・倫敦筆下《海狼》的現代版，然後他才開始進軍鑽油、石油運輸、海運和液化天然氣產業。他現在控制一個龐大的企業帝國。

- 2000年代初期,因為鮭魚價格太低,導致挪威水產養殖業發生嚴重的財務困境。
- 在經過兩年積極的產業整合後,弗雷德克里森於2006年打造美威水產集團,現在是全球水產養殖業的龍頭。

第 25 章
拉克希米・米塔爾：鋼鐵大亨
2006 年

中國經濟成長的活力及其對原物料的旺盛需求，讓瀕死的鋼鐵業恢復生機。透過精明的收購和重新組織不振的事業，拉克希米・米塔爾從印度的小企業家崛起，在收購了世界第二大鋼鐵製造商安賽樂後，成為世界最大鋼鐵巨擘。

「我想成為鋼鐵業的福特」

——拉克希米・米塔爾

「目標訂在最高的地方。」

——安德魯・卡內基

那是一場夢幻婚禮，就像古代印度大君的宮廷或是一千零一夜裡的場景。2004年6月22日，煙火照亮巴黎的夜空，寶來塢巨星艾絲維亞蕾（Aishwarya Rai）和沙魯可汗（Shah Rukh Khan）接待賓客，流行樂歌手凱莉・米諾（Kylie Minogue）表演，飲用超過五千瓶1986年份的羅斯柴德香檳。這場夜間的慶祝會是23歲的凡妮夏・米塔爾（Vanisha Mittal）和25歲的倫敦投資銀行劍魚投資（Swordfish Investments）創辦人阿米特・巴帝亞（Amit Bhatia）婚宴長達六天慶祝會的主要活動。

共有12架波音噴射機包機，從印度載來超過1,500名賓客抵達法國，他們在此參觀杜樂麗花園、凡爾賽宮和沃樂維康宮。鑲銀的婚禮邀請函包括五星級的巴黎洲際大飯店600個房間全被包下。送給賓客的禮物是名牌手提包，裡面裝滿了珠寶。這場奢華的婚禮花費估計高達六千萬美元。而簽下支票的是新娘的父親，拉克希米・米塔爾（Lakshmi Mittal）。

是哪位商業鉅子能安排這樣童話般的婚禮，並在同一年以1.3億美元向一級方程式賽車集團的執行長柏尼・艾克雷

斯通（Bernie Ecclestone）買下位於倫敦的高級地段肯辛頓區的豪宅？

拉克希米‧米塔爾的父親在印度拉賈斯坦邦經營小型鋼鐵廠。家族後來遷至加爾各達，他的父親接管一間大型工廠，拉克希米就在此從頭學習鋼鐵業的一切。

在加爾各答學習企業管理後，拉克希米於 1976 年負責將家族以 150 萬美元收購的印尼老舊鋼鐵廠現代化。這位印度巨擘一再重複這樣的模式，他買下虧損、未能善用的鋼鐵廠，然後透過降低成本、銷售導向、裁員和關廠來重組事業。當中國的經濟迅速成長帶動鋼鐵業的繁榮，拉克希米‧米塔爾在短幾年內就成為全世界最富裕的人。

拉克希米‧米塔爾打造出全世界最大的鋼鐵公司。

漸漸地，他找到愈來愈大的收購目標。1989 年時，米塔爾買下千里達及托巴哥廢棄的鋼鐵廠以翻修。他於 1992 年在墨西哥大獲成功：墨西哥投資 22 億美元在先進鋼鐵生產設備，但是石油榮景結束導致政府被迫出售設備。墨西哥總統卡洛斯‧薩利納斯（Carlos Salinas）以 2.2 億美元將合約承包給這位印度企業家，而米塔爾只需要募集 2500 萬美元現金。然後他將公司重新命名為墨西哥鋼鐵（Ispat Mexicana，Ispat 在印地語為「鋼」之意）。

1995 年時，對他來說是另一個轉折點。蘇聯瓦解後，哈薩克一個包含煤礦場的大企業卡梅托克（Karmetwerk）準

備私有化。西方企業不敢投資，米塔爾支付了 4 億美元、解雇三分之一的員工，並在一年內將公司轉虧為盈。米塔爾也買下羅馬尼亞已私有化的的西德克斯（Sidex）公司，不過這筆交易充滿了爭議，因為在米塔爾捐款給時任英國首相東尼‧布萊爾（Tony Blair）所屬的政黨後，布萊爾寫信向羅馬尼亞總統艾德利安‧納斯塔斯（Adrian Nastase）推薦米塔爾（後稱為「米塔爾門」事件）。

米塔爾鋼鐵創立於 2005 年春季

在 2004 年 10 月，米塔爾宣佈和私人公司 LNM 控股合併，並收購艾斯帕特國際（Ispat International）和美國的國際鋼鐵公司（International Steel Group，ISG）。（ISG 源自於 LTV 鋼鐵與前業界大廠艾克米鋼鐵與伯利恆鋼鐵。）2005 年突季，這場價值 45 億美元的交易完成。總部位於荷蘭的米塔爾鋼鐵誕生。

米塔爾打造了世界最大鋼鐵公司，產能高達逾 7,000 萬公噸。公司 90% 的股份由家族所持有。但米塔爾想超越安德魯‧卡內基和伯利恆鋼鐵的查爾斯‧許瓦布等大亨的夢想仍未滿足。

同年 10 月，烏克蘭總統反對前總統的女婿旗下的財團收購，讓米塔爾鋼鐵在拍賣中以 48 億美元收購烏克蘭鋼鐵製造商克里沃利茲塔（Kryvorizhstal）。但這背後還有一場更大的交易即將發生，將大幅改變鋼鐵業。

> **鋼鐵小知識**
>
> 美國的卡內基和泛德比特,或是德國的泰森和卡魯普,都是鋼鐵業赫赫有名的家族。相較於其他產業,鋼鐵業現在相當分散;十大鋼鐵商製造的產量不到全球供給量的三分之一,相較之下,全球十大汽車製造商的市占率高達逾九成。安賽樂米塔爾是業界領導者。日本鋼鐵、寶山鋼鐵、浦項鋼鐵和JFE鋼鐵都望塵莫及。1990年代是西方國家鋼鐵製造商的黑暗年代。尤其是因為產能過剩和進口便宜,而使美國鋼鐵業陷入嚴重的危機,自從1990年代末期,超過30間公司必須申請破產和債權人保護。
>
> 中國經濟快速成長逆轉了情勢。中國對鋼鐵的需求大增,從2000年占全球的15%,十年後比重將近50%。這使得原物料市場出現不平衡,例如鐵礦砂和煉焦煤,也造成原油價格大漲。2000年代初期,一公噸鋼鐵價格約200美元,到了2008年漲到1,100美元。

2006年1月27日,米塔爾宣佈向業界第二大廠安賽樂的股東收購股份。以前一天收盤價溢價27%收購,價格將近200億美元。安賽樂原本就是法國、西班牙、盧森堡和比利時鋼鐵廠合併的成果,2005年時該公司生產將近五千萬公噸的粗鋼。惡意併購的企圖激怒了安賽樂的管理階層,盧森堡、法國和比利時政府也反對合併案。

安賽樂的法國主管蓋伊・多雷(Guy Dollé)說「印度

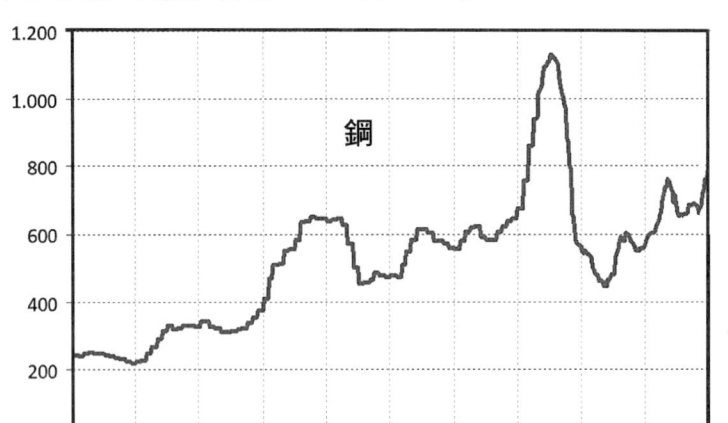

圖 23 鋼價,美元/公噸,2000 到 2010 年。

資料來源:彭博,2019 年。

不適合我們偉大的文化」。事實上,收購案變成了一場文化戰爭,而安賽樂試圖與俄羅斯鋼鐵製製商賽維斯特(Severstal)合併以自救。結果彷彿是一場高賭注的撲克牌局。在一個月內,安賽樂拒絕米塔爾兩次提議,認為價格太低。然後在 2006 年,安賽樂董事會 160 名成員展開了九小時的馬拉松式談判。最後再以前一日收盤價溢價 15% 的價格——比原本的收購價高出 45%,安賽樂最後以將近 340 億美元的價格同意出售。

安賽樂和米塔爾的合併,創造了全球最大鋼鐵製造商,共同生產量略低於 1.2 億公噸的粗鋼,全球市占率約 12%,營收 600 億美元,超過 32 萬名員工。鋼鐵業第二名的日本

鋼鐵的產能，只有安賽樂米塔爾的不到三分之一。

在收購安賽樂後，米塔爾家族減少新公司的持股至45%。儘管如此，一般估計拉克希米・米塔爾的私人資產約在250億美元，被認為是全球第五大富豪。

精華摘要

- 中國經濟甦醒和強大的成長動力以及對資源旺盛的需求，撼動了原本瀕死的全球鋼鐵業。2000到2008年間，全球鋼鐵價格漲逾五倍。一位企業家比其他人更早注意到這個產業的趨勢。
- 拉克希米・米塔爾成為「鋼鐵人」。這位印度巨擘於2005年成立米塔爾鋼鐵，收購ISG和美國前大廠艾克米鋼鐵與伯利恆鋼鐵的剩餘資產。但是這樣還不夠。在經歷了瘋狂的競標後，米塔爾於2006年夏季收購安賽樂，並打造全球最大鋼鐵公司，安賽樂米塔爾。
- 交易完成後，拉克希米・米塔爾被認為是全球第五大富豪，預估私人資產超過250億美元。

第 26 章

原油：「七姐妹」回來了

2007 年

一個獨占的企業團體控制著
石油的生產和全球的石油蘊藏。
但是隨著石油輸出國家組織
以及西方國家以外的國家紛紛成立石油公司，
這個企業團體的影響力逐漸式微。

「沒有別的生意堪比石油業。」
　　——波卡克（C. C. Pocock），殼牌石油董事會主席

　　《金融時報》在 2007 年創造一個詞「新七姐妹」來形容經濟合作開發組織之外全球七個最具影響力的能源公司。「七姐妹」這個詞首次出現是在 1950 年代，這是指從標準石油分拆出來的公司中七間最大的石油公司：紐澤西標準石油、紐約標準石油、加利福尼亞標準石油、海灣石油、德士古、荷蘭皇家殼牌石油和英國波斯石油。
　　長期以來，因為和伊朗政府的框架協議，掌控著第三世界石油生產國的需求聯合，七姐妹被認為主導著石油業。生產國根據長期合約被迫以固定的價格出售大部分的石油給這個寡頭壟斷集團，而這個集團也控制著交易和配送。

七姐妹控制著全球 85% 的石油蘊藏直到 1970 年代為止。

　　七姐妹得以訂定規則，因為直到 1970 年代以前，這個集團控制著 85% 的全球石油蘊藏量。然而，1970 年代初期，愈來愈多產油國開始將石油業國有化：阿爾及利亞於 1971 年率先採取行動，不久後利比亞也跟進。在接下來的一年，伊拉克將西方公司的特許權國有化。1973 年，伊拉克又將國內石油產業國有化。七姐妹的權力開始降低，而成立於 1960 年的石油輸出國家組織和供給端的組織聯合的影響力則是開始上升。

現在石油輸出國家組織供給全球 40% 的原油，而且根據他們的資料，成員國的蘊藏量總計占全球蘊藏量的 75%，而西方國家的石油生產則是在近幾年開始下滑。

七姐妹中的四個至今仍繼續營運中，包括艾克森美孚、雪佛龍、荷蘭皇家殼牌以及英國石油。

大型石油公司利用合併與收購，以反制價格波動以及油價持續跌至十美元以下。例如艾克森（即紐澤西標準石油）和美孚（紐約標準石油）就於 1999 年合併成立艾克森美孚（ExxonMobil），全球最大石油公司，年營收超越許多小國的經濟規模。

而從加利福尼亞標準石油後來成立的雪佛龍（Chevron）則是於 1985 年接手美國海灣石油，以及在 2001 年合併德古士。英國波斯石油公司首先成為英國伊朗油公司和英國石油公司。在收購了前印第安納標準石油公司（Standard Oil of Indiana）阿莫科石油（Amoco）和大西洋李奇菲爾德公司（Atlantic Richfield），公司才於 2000 年更名為英國石油公司（BP）。結果，原先主導市場的七姐妹中，剩下四姐妹：艾克森美孚、雪佛龍、荷蘭皇家殼牌和英國石油。

現在的「石油巨頭」包括英國石油、雪佛龍、康菲石油、艾克森美孚、荷蘭皇家殼牌和道達爾。

其他公司進一步合併,例如道達爾和比利時石油財務公司（1999年）、道達爾和億而富（Elf Aquitaine），以及康菲石油及美國菲利普斯石油公司（Phillips Petroleum，2002），讓美國的康菲石油和法國道達爾公司與四姐妹並駕齊驅。現在有六間超級大公司——英國石油、雪佛龍、康菲石油、艾克森美孚、荷蘭皇家殼牌和道達爾（Total）——在金融媒體經常被稱為「石油巨頭」（Big Oil）。

然而，它們今日的影響力遠不如50年前的七姐妹。今天的石油巨頭總共控制了不到全球10%的油氣生產，而集團的全球蘊藏占比遠低於七姐妹。

相較之下，石油業「新七姐妹」總共控制全球三分之一的油氣生產與全球蘊藏：沙烏地阿美（Saudi Aramco）、俄羅斯天然氣公司（Gazprom）、中國石油天然氣集團（China National Petroleum Corporation，CNPC）、伊朗國家石油公司（National Iranian Oil Company，NIOC）、委內瑞拉石油公司（Petróleos de Venezuela）、巴西石油（Petrobras）和馬來西亞國家石油（Petronas）。

「新七姐妹」是沙烏地阿美、俄羅斯天然氣、中國石油天然氣、伊朗國家石油、委內瑞拉石油、巴西石油、馬來西亞國家石油。

總部位於沙烏地阿拉伯德蘭（Dhahran）的沙烏地阿美，是七姐妹中最重要的。紙為全球最大石油公司，它每日生產

1200萬桶原油,而且原油蘊藏量約為2600億桶——約占全球蘊藏量的四分之一。沙烏地阿美石油也經營全球最大油田加瓦爾油田(Ghawar oil field)。2015到2016年油價大跌,沙烏地阿拉伯王國打算將沙烏地阿美首次公開上市以募集資金,但至今仍未實現。

2006年底,俄羅斯天然氣公司和中國石油天然氣旗下的中國石油公司(Petro China)市值令大部分西方能源公司難以望其項背。中國石油天然氣、中國海洋石油集團和中國石油化工集團,是中國三大石油公司。

前俄羅斯國營公司,全球最大天然氣生產公司俄羅斯天然氣,於2005年與烏克蘭的天然氣爭議,令歐洲感受到其實力。(公司也壟斷俄羅斯的天然氣出口。)

總部位於德黑蘭的國營公司伊朗國家石油,由伊朗石油部所控制,營運也遍及全球。委內瑞拉石油公司是該國前總統查維茲(Hugo Chávez)行使權力的工具。委內瑞拉石油公司的成立是該國石油國有化的一部分,現在是拉丁美洲最大的石油公司。位於巴西坎波斯盆地的半國有公司巴西石油公司,占巴西石油生產的80%。

該公司也是近海和深海鑽探的領導者。圖皮油田(Tupi)的開發讓巴西找到可能是世界上第三大油田。馬來西亞國家石油(全名為Petroliam Nasional Berhad)是國營石油公司,以吉隆坡的馬來西亞國家石油塔聞名,是最大的國際石油與天然氣公司之一,在超過30個國家有超過100間子公司和代表處。

精華摘要

- 洛克斐勒的標準石油帝國分拆後，出現了稱為「七姐妹」的企業集團。包括紐澤西標準石油、紐約標準石油、加利福利尼標準石油、海灣石油、德士古、荷蘭皇家殼牌石油和英國波斯石油。這個企業團體掌控 85% 的全球石油蘊藏直到 1970 年代中期。
- 石油輸出國家組織以及西方國家以外的國營石油公司的成立，令七姐妹的影響力式微。油國組織現在控制著全球 40% 的石油與天然氣生產。
- 七姐妹仍留下了一群超級大公司，稱為「石油巨頭」：英國石油、雪佛龍、康菲石油、艾克森美孚、荷蘭皇家殼牌和道達爾。但是相較於原本的七姐妹，這六大巨頭只掌控了全球不到 10% 的石油與天然氣生產。
- 「新七姐妹」是沙烏地阿美、俄羅斯天然氣、中國石油天然氣、伊朗國家石油、委內瑞拉石油、巴西石油、馬來西亞國家石油。這七間公司總計控制全球三分之一的石油與天然氣生產和蘊藏。

第 27 章

小麥和澳洲的「千禧年乾旱」

2007 年

澳洲在經歷了七年的農作物歉收後,
千禧年乾旱又將全球小麥價格推升至一個又一個高點。
成千上萬名澳洲農民預期完全無法收成。
這是否預言了氣候變遷的結果?

「這是典型千年一遇的乾旱,而且可能更乾燥,比百年一遇的事件還要嚴重。」
——大衛・德魯沃曼(David Dreverman),穆瑞達令(Murray-Darling)盆地當局主管

澳洲原住民語中的烏安比(uamby)是指「水匯流之處」,但是位於澳洲的葡萄酒鄉和以牧羊為主的穆德吉市(Mudgee)西北方50公里處的烏安比農場,水已經不流動了。2006年是澳洲大陸有天氣記錄以來最熱也是降雨最少的一年。

雖然極端乾旱已經嚴重影響農場,這只是最嚴峻的夏季月份的開始——澳洲的夏季月份為12到3月。水量偏低,動物已找不到食物。草地乾涸沒有草,使得買水和買食物成為必需。農場上原有4,800頭羊,現在只剩下2,800頭;剩下的必須以每頭5美元的價格出售,遠低於農場主人預期的40美元。

全球的小麥

全球年產量僅略低於6億公噸,各種不同種類的小麥再加上玉米和稻米,是全世界最廣泛種植的穀物。小麥占全球卡路里需求的五分之一。這是牲畜的重要飼料,也用於生產生質燃料,例如乙醇。全球每英畝的產量略低於3公噸(1

英畝等於 1 萬平方公尺,相當於一個足球場大小)。這種農作物大部分是被生產國所消費,所以只有 1 億公噸進入全球市場——這是在小麥短缺時影響價格波動的因素。

澳洲有超過 40 萬人從事農業,這是澳洲最重要的產業之一,而當時的情況嚴峻。2007 年初,由於情況不利,每四天就有一名農民自殺。隔年初,超過 70% 的農地,約 3.2 億英畝受到缺雨和高溫的影響。

澳洲的糧倉「穆瑞達令盆地」生產澳洲 40% 的小麥。

穆瑞達令盆地的情況尤其嚴峻。河流系統遍及數千公里,相當於法國與西班牙面積的總和,供給澳洲 15% 的水量。官方的資料顯示,2007 年的河水提供的水量比前一年少了 50%,而 2006 年是記錄以來水量最低的一年。這個盆地被認為是澳洲的糧倉,因為光是此地區就種植澳洲 40% 的農作物。同時,距離墨爾本約 330 公里,位於澳洲小麥種植帶諸如丁布拉等小城鎮開始變成鬼城。

對國際市場來說,澳洲身為全球第二大小麥出口國的角色非常重要。在「正常」的時候,澳洲每年出口 2,500 公噸的小麥。但是此時澳洲已經過了七年不正常的日子,這是澳洲最長的乾旱期間。自 1900 年有記錄以來,2006 年是乾燥嚴重程度排名第三的一年,澳洲農業與資源經濟局(Australian Bureau of Agricultural and Resource Economics,ABARE)估計 2006 至 2007 年冬季收成只有

2,600公噸,比前一年少了36%。

即使如此,2007年卻又更熱,而專家開始談論千年乾旱。澳洲總理約翰・霍華德(John Howard)宣稱當年是「記憶以來最乾燥的一年」。直接原因是聖嬰現象(El Niño)——太平洋溫度上升影響天氣型態,根據環境與天氣專家,這種現象的頻率和強度會因為全球氣候變遷而更加劇烈。

因為2006至2007年全球小麥收成也比前一年的6.21和6.28公噸還要少,只有5.98億公噸,因為澳洲的收成非常重要。全球15個最大的小麥生產國提供總量的80%。當時澳洲是僅次於美國的第二大出口國,占約全球小麥出口的16%。

在收成的時候需求增加、財富成長和經濟穩健。全球的小麥食用量預估為6.11億公噸。

澳洲的小麥產量崩盤首當其衝的是亞洲和中東,因為這些國家以前都向澳洲進口穀物。現在各國要向美國和加拿大購買小麥。歐洲也受到熱浪的影響。2006年烏克蘭的農作物減少了一半。

2008年2月,小麥價格比2006年大漲逾三倍至近每英斗13美元。

芝加哥期貨交易所的小麥價格很快就開始前所未有的漲勢。2006年前一般交易區間為2.5到4美元。然而,2004

> ## 聖嬰現象加劇
>
> 聖嬰現象（El Niño 是西班牙文，聖嬰指的是耶穌基督，因為此現象通常是在聖誕節時發生）描述的天候現象是指太平洋赤道區的海平面溫度上升，太平洋上的風系改變，結果寒冷的南太平洋環流（又稱洪保德洋流，Humboldt Current）減弱。一層溫暖的水從東南亞通過熱帶東太平洋前往南美。結果就是全球天氣模式的變化：通常在南美和北美西岸造成暴雨，在澳洲、印度和南亞造成乾焊、農作物歉收和森林大火。
>
> 相反的，反聖嬰現象（La Niña，意指女孩）則是赤道太平洋區異常寒冷的洋流，結果在印尼造成降雨過多和在秘魯造成乾旱。

年初時，庫存降至 1980 年以來最低水準。歐洲和中國的收成不佳，顯示中國必須連續第四年進口小麥。穀物價格飆漲。

2006 年 10 月時，小麥首次突破 5 美元且居高不下。2007 年 6 月時，小麥價格漲至 6 美元，8 月時升至 7 美元，9 月初站上 8 美元，到了 9 月底已達到 9 美元，並於 10 月時漲至 9.5 美元。

與此同時，全球庫存持續下探至 26 年新低。此外，也是全球市場上小麥出口大國的加拿大，7 月底的穀物存量較去年同期大減 29%，而埃及、約旦、日本和伊拉克則是訂購非常大量的小麥訂單。

圖 24 小麥價格，美元／英斗，2005 到 2008 年，芝加哥期貨交易所。

資料來源：彭博，2019 年。

在經過這波價格迅速飆漲後，國際小麥價格開始回跌，但事後看來這其實只是短期稍事休息。2008 年 2 月初，小麥價格突破 10 美元關卡，價格動能持續。2008 年 2 月 17 日收盤價在 12.8 美元，自 2006 年初以來大漲了三倍。

嚴重的乾旱造成近年澳洲收成損失約 50%。2007 到 2008 年收成量為 6.09 億公噸，使情況稍為紓緩，小麥價格飆漲激勵許多農民在休耕地種植小麥。2008 到 2009 年全球收成 6.88 億公噸。此時澳洲前所未見的乾旱終於結束。然而，氣候專家對澳洲農業的前景抱持悲觀的態度。

精華摘要

- 澳洲自 1900 年有氣候記錄以來,2006 年的乾旱嚴重程度排名第三,但 2007 年卻更乾燥,是史上最熱的一年。
- 在經過了幾年的收成不佳之後,千禧年旱災對澳洲農業造成災難性的傷害。全國小麥收成大減 50%,全球穀物市場陷入恐慌,因為澳洲是全球第二大小麥出口國,僅次於美國。
- 2006 年 10 月,小麥價格第一次站上 5 美元。2007 年夏季漲勢加劇。2008 年 2 月時,小麥價格突破 10 美元心理關卡,當月收盤價為 12.8 美元。價格自 2006 年初以來飆漲了三倍。
- 澳洲的千禧年旱災是受聖嬰現象所致,根據環境與氣候專家的說法,這種氣候現象的強度和頻率和全球氣候變遷有直接的關係。

第 28 章
天然氣：加拿大的亂局
2007 年

由於大宗商品價格炒作失利，
蒙特婁銀行新任執行長比爾・道恩
必須報告 2007 年第二季虧損。
就在阿瑪蘭斯破產後，
另一次天然氣交易醜聞撼動市場參與者的信心。

「為什麼會忽然發生4.5億美元的虧損？是因為缺乏風險控管，還是有人隱瞞不法交易？」

　　——雷依・帕金森（Leigh Parkinson），風險顧問

　　4月初時，紐約的期貨經紀商選擇權公司（Optionable）的三位董事拋售價值將近3,000萬美元的股票。幾天後，負責稽核的德勤會計師事務所（Deloitte and Touche）就公佈蒙特婁銀行（Bank of Montreal，BMO）的資本報告，稱該公司因為天然氣投資組合而虧損3.5到4.5億美元。

　　這對執行長比爾・道恩（Bill Downe）來說非常震驚，他才剛上任一個月，而且即將公佈銀行的季報。

　　蒙特婁銀行負責的交易員是大衛・李伊（David Lee），負責紐約商品期貨交易所和臨櫃天然氣選擇權。李伊在25歲左右進入蒙特婁銀行，跳槽前在紐約銀行負責從無到有建立起大宗商品的衍生性金融商品業務。他先從分析師開始，很快就改為從事交易並專門負責天然氣選擇權。

　　在蒙特婁銀行，李伊的交易有很大一部分是透過選擇權公司所進行。像選擇權公司這樣不到20名員工的期貨商，這些交易占總收入的30%。不難想像李伊和選擇權公司的執行長凱文・卡西迪（Kevin Cassidy）會成為密友。

蒙特婁銀行的大宗商品交易於2006年創造大額獲利。

　　天然氣期貨交易為蒙特婁銀行提供誘人的額外收入。蒙

蒙特婁銀行

成立於 1817 年的蒙特婁銀行，是加拿大存款金額第四大的銀行，對加國的開發扮演重要的角色，曾於 1880 年代融資以建設第一條橫貫加國大陸的鐵路。現在的蒙特婁銀行的業務活動分為私人和商業客戶（零售銀行業）和投資銀行（蒙特婁銀行資本市場），以及財富管理。東尼・康普（Tony Comper）於 1990 到 2007 年擔任執行長，2000 年時因為天然氣期貨交易發生小醜聞，導致銀行虧損 3,000 萬加元。七年後比爾・道恩接手執行長一職。

特婁銀行的大宗商品交易比加拿大市場領導者，加拿大皇家銀行（Royal Bank of Canada，RBC）還要高出 15 到 20 倍。蒙特婁銀行的能源交易業務已增加至 25 位交易員。蒙特婁銀行在休士頓、紐約和加拿大能源重鎮卡加利（Calgary）都有分行，2006 年 3 月時，東尼・康普就是在卡加利分行公佈投資銀行業務優異的成績，主要是因為交易石油與天然氣所帶來的獲利。

大宗商品業務當時正值繁榮。由於 2006 年卡崔娜颶風造成的破壞，導致天然氣價格上漲。2004 年和 2006 上半年，價格在 6 到 7 美元之間盤旋，但在颶風季過後，企業客戶愈來愈想要從事價格避險的交易。2005 年 12 月，美國天然氣價格漲破 15 美元／英制熱單位。

但這個趨勢並未一直持續下去。幾周內，紐約指標天然

氣價格就跌掉了三分之二。溫和的冬季確保天然氣供給無虞，而且這一次並未受到颶風的影響。客戶的興趣大減，但蒙特婁銀行的能源交易仍持續成長。

蒙特婁銀行的明星交易員大衛‧李伊嚴重誤判天然氣選擇權走勢。

以大衛‧李伊為首的蒙特婁銀行團隊押注價格回升。市場參與者看得出來有人在紐約商品期貨交易所和臨櫃建立龐大的選擇權部位，但是價格仍持續下跌而波動性降低。買權的價值因而嚴重縮減。

李伊團隊的交易部位失衡，但選擇權公司幫助他掩飾虧損。後來夏茲諾貝爾伊札（Schatz Nobel Izard）法律事務所指控選擇權公司幫助蒙特婁銀行交易員竄改帳目等罪名，以確認不實的交易價格。當德勤會計師事務所查看下一季財報時，虧損的事就再也隱瞞不了。負責稽核的會計師預估虧損約在 3.5 到 4.5 億加元。蒙特婁銀行立即取消與選擇權公司的合作，選擇權公司股價跌掉近 90% 的價值。

2007 年 4 月，就在發佈季報前幾天，蒙特婁銀行發佈財務示警，直指銀行在大宗商品市場的延遲交易部位，也就是天然氣部位，可能會大幅拖累該季的獲利。高盛、和芝加哥大型避險基金公司城堡投資（Citadel）都表達興趣，想要接手蒙特婁銀行的投資組合。然而，蒙特婁銀行的經理認為他們有能力處理情況。

圖 25 天然氣價格，美元／英制熱單位，2003 到 2007 年，紐約商品期貨交易所。

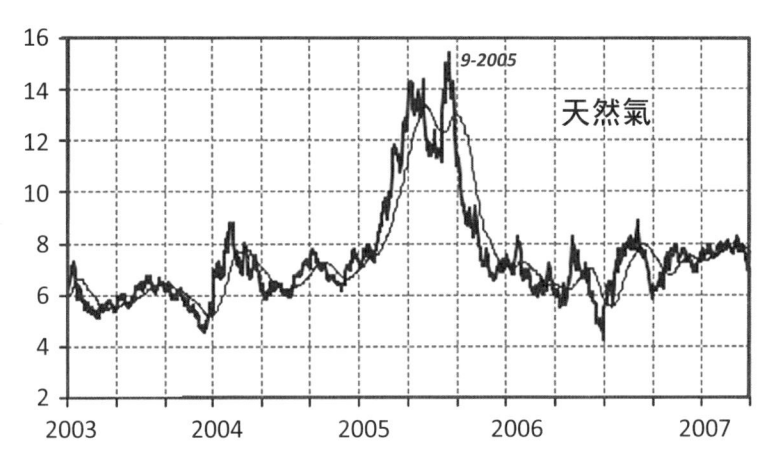

資料來源：彭博，2019 年。

但是結果顯示，還沒減少交易部位就先公佈是錯誤的決策。虧損持續擴大。

5 月時季報出爐，蒙特婁銀行的大宗商品交易虧損已高達 6.8 億加元，相當於全年獲利的 12%。道恩只好咬著牙公佈加拿大銀行業史上最大額的交易虧損，並將原因指向市場流動性不佳以及波動性太低。

他的解釋並沒有錯，但是市場參與者不太相信，而且分析師提出一些令人不愉快的問題，包括銀行的業務策略以及風險管理的品質。大宗商品產品執行董事巴布·穆爾（Bob Moore）和大衛·李伊被迫離職。李伊還被判罰款 50 萬美元，而且被禁止從事銀行業。蒙特婁銀行的交易醜聞總成本高達

8.5 億美元。

精華摘要

- 阿瑪蘭斯顧問破產半年後，又一樁天然氣交易醜聞撼動 2007 年的大宗商品市場。
- 大衛・李伊是蒙特婁銀行備受重視的明星。在創下紀錄的颶風季造成的破壞後，天然氣價格一度飆漲至 15 美元，在價格回落後他和團隊押注天然氣價格會回漲。
- 但是價格卻繼續走跌。天然氣甚至一度回到 4 美元以下價位。李伊暫時透過經紀商選擇權公司掩飾高達 3.5 到 4.5 億美元的虧損。但是稽核的會計師將問題揭發。
- 前一年才創下獲利記錄的李伊，能源交易卻慘賠。交易醜聞造成的虧損高達 8 億美元。

第 29 章
白金：南非停電
2008 年

由於非洲最大能源供應商
艾斯康的供電持續陷入瓶頸，
南非各大型礦業公司必須限縮產能，
導致白金價格爆漲。

「南非需要至少 40 座新的煤礦場，才能避免長期缺電的問題。」
　　──布萊恩・達姆斯（Brian Dames），艾斯康電力公司

「國家必須恢復能源安全。」
　　──席利爾・拉瑪弗薩，2019 年南非總統

　　2010 年 6 月世界盃足球賽在南非開打前兩年，南非面臨數十年來最大的供電瓶頸。2008 年春季，政府宣佈發生能源危機。非州最大電力供應商，南非的國家公用事業公司艾司康連續 180 周每天停電幾個小時，因為產能遠不及需求。過去 20 年來，南非的經濟一直在快速成長。
　　自從 1994 年種族隔離政策解除後，電力需求就飆升 50%，但是南非政府和艾司康仍無法提供更多電力。電力公司一再強調，南非的電廠必須整修、必須加蓋新的電廠，但是政府機關一直忽視這些警告。

艾司康關閉礦業公司的電力。

　　由於供給不足，電力以不同的間隔時間和地區提供配給，導致每天都有二到三小時的停電。約翰尼斯堡和生產黃金和白金的高騰地區（Gauteng）尤其受到影響。礦業公司的能源需求有大約半數是用於維持基礎建設。
　　沒有電就無法將水抽出礦坑，而且將充足的氧氣打入地

底下幾公里處也至關重要。停電對實際生產造成的影響更是劇烈。礦工工會說，公司讓數萬名員工回家或進行訓練。到了1月底時情況惡化。能源公司經營的世界最大火力發電廠，坎德電廠和艾司康的煤炭儲備都因降雨而浸濕。這時國際貴金屬價格就開始反應了。

貴重的白金與鈀金

白金類金屬包括白金、鈀金、銠、銥、鋨和釕，但具有經濟重要性的金屬則是白金和鈀金，由倫敦白金與鈀金市場（LPPM）負責交易。南非和俄羅斯占全球白金產量的90%。

較小的生產國還有加拿大、美國和辛巴威。主要的公司包括英美白金公司（Anglo American Platinum，Amplats）、黑斑羚白金（Impala Platinum，Implats）、南非隆明（Lonmin in South Africa）和俄羅斯的諾里斯克鎳（Norilsk Nickel）。近年來，席巴尼（Sibanye）也透過併購成為新的市場參與者。

白金主要用於觸媒（50%）和珠寶（25%）；而鈀金除了這兩種功用外，對牙醫和電子產品來說也很重要。決定這兩種金屬價格的因素是俄羅斯和南非的生產、俄羅斯的庫存以及全球成長率。

自從19世紀末以來，南非一直是全球黃金生產的中心，

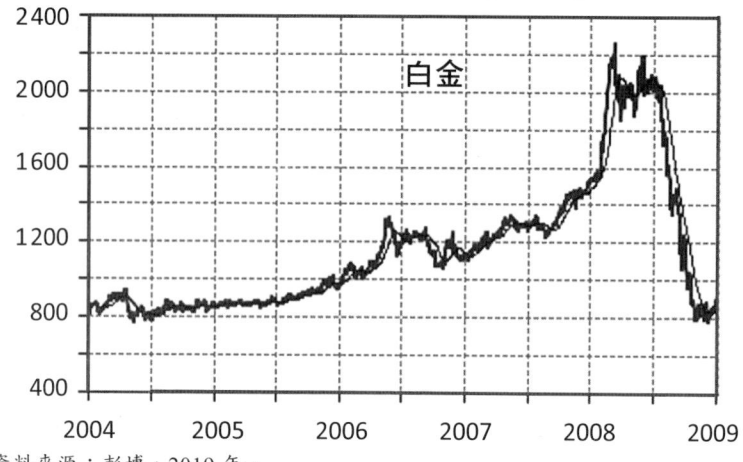

圖 26 白金價格，美元／金衡盎司，2004 到 2009 年。

資料來源：彭博，2019 年。

但是過去 30 年產量已降至第八位。但是南非的白金生產仍占有主導地位。全球的白金產量約 80% 來自南非，絕大多數產自布舍維德的設施。白金價格因此對南非的任何負面消息相當敏感。

白金價格自 2005 年中以來即穩定上漲，但是動能在 2007 年底到 2008 年初大幅上揚。七年來首次，國際汽車觸媒國際大廠、也是白金最大買主莊信萬豐（Johnson Matthey）預期全年出貨量將減少。

2008 年 1 月底，南非三大黃金生產商和最大白金生產商的所有礦場都減產，導致價格跳漲。市占率高達 40% 的英美白金公司預期每日生產減少 9,000 盎司。市占率第二大的黑斑羚白金則宣稱每天減產 3,500 盎司。整體而言，南非

的白金礦工憂心 2008 年的產量減少 50 萬盎司。

2008 年 3 月，白金價格漲破每盎司 2,200 美元。

　　除了黃金之外，白金價格漲勢尤其凌厲，一夜之間大漲近 100 美元，突破 1,700 美元。2008 年 3 月初，一金衡盎司白金收盤價逾 2,250 美元，暫時為最高價。

　　電力供應商艾司康逐漸開始控制情況，但業界的產量仍只達到 90%，而公司預估供電問題將持續直到至少 2020 年。

　　管理不當與貪腐仍持續。2019 年 2 月時情況再次惡化，傑可布・祖馬（Jacob Zuma）的繼任者，南非總統席利爾・拉瑪弗薩（Cyril Ramaphosa）在開普敦的礦業大會上宣稱艾司康「太大、太重要不能倒」。除了老舊的火力發電廠，艾司康還面臨超過 300 億美元的債務。包括分拆、政府紓困，以及向工業用電戶漲價 15%，都是 2019 年時的選項。與此同時，每一盎司白金價格到達 800 美元──新一輪漲價即將展開！

精華摘要

● 2008 年，南非面臨數十年來最嚴重的供電瓶頸，政府宣佈進入能源緊急狀態。全國電力公司也是非洲最大電力供應商艾司康，每天關閉電源幾個小時。

- 雖然南非的金礦黃金時期已經過去,但仍是白金類金屬的主要生產國,全球約 80% 的產量來自南非。
- 2008 年 1 月底時,三個最大黃金生產商和最大白金生產商都因為持續的供電短缺而減產。
- 情況的發展導致白金價格飆漲,自 2005 年中以來即隱定上揚,而且已經達到 1,000 美元。到了 2008 年 3 月,白金價格攀升至每金衡盎司逾 2,200 美元,為史上最高價!

第 30 章

稻米：預言者

2008 年

泰國「稻米預言家」
維猜・斯利普拉瑟於 2007 年預估，
稻米價格將從 300 美元漲至 1,000 美元，
隨即成為訕笑的對象。
然而，一個危險的連鎖反應將在亞洲影響稻米的收成，
而熱帶氣旋納吉斯最後釀成一場災難。

「全國囤積稻米對市場沒有幫助」
——羅伯特・齊格勒（Robert Zeigler），國際稻米研究機構

65 歲的維猜・斯利普拉瑟（Vichai Sriprasert）是泰國最大稻米出口商之一，有人稱他為「稻米預言家」。在供給、需求和價格發展各方面多年的經驗，讓維猜獲利頗豐，還獲得了泰國稻米貿易商協會（Thai Association of Rice Traders）榮譽主席的頭銜。由於泰國是全球最大稻米出口國，因此對國際稻米貿易是決定性的因素。

維猜在 2007 年預測隔年稻米價格將超過每公噸 1,000 美元，一開始遭到懷疑和訕笑。當時泰國出口稻米每公頓才 300 美元。然而，在油價飆漲和小麥與玉米價格劇烈上揚後，已經沒有人再嘲笑他。2008 年時稻米價格果真突破維猜的目標價 1,000 美元，而且還持續上漲。維猜認為情況與 1970 年代時相當，當時在石油危機的陰影下，稻米價格漲至約每公噸 2,700 美元。

稻米的實際情況

根據聯合國糧農組織的資料，稻米是全球最被廣泛種植的穀物之一，玉米和小麥也是，而稻米年產量約為 6.5 億公噸。產量最大的國家分別是中國、印度、印尼、孟加拉、越南和泰國。由於稻米主要是水稻，每公斤稻米需要 3,000 至 5,000 公升的流動水來種植。一方面，這樣種植的好處是害蟲

圖 27 稻米價格，美分／英擔，2000 到 2010 年，芝加哥期貨交易所。

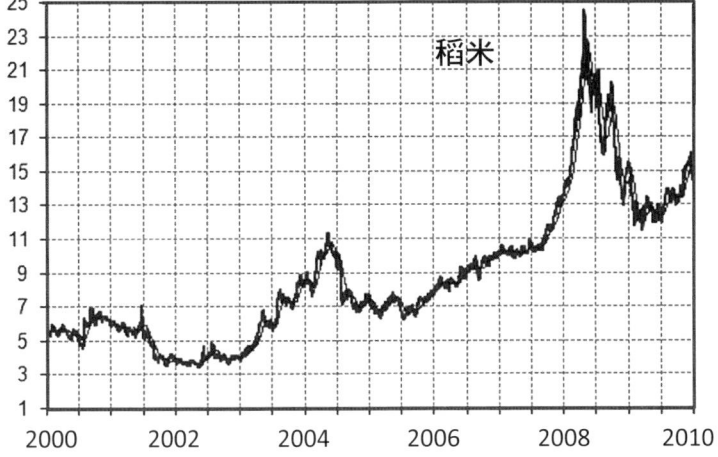

資料來源：彭博，2019 年。

和雜草較少；但是另一方面，在乾季時會造成稻米收成不佳。

儘管稻米很重要，期貨交易量並不大，所以流動性比小麥或玉米市場來得小。稻米最主要的交易場所是美國的芝加哥期貨交易所。交易合約的價格為美分，單位為美國生奈兒（American centner）或英擔（hundredweight，1 cwt 相當於 100 磅，相當於 45.359 公斤），每一合約為 2,000 英擔。

發生了什麼事？受到原油價格高漲的影響，2007 年許多農產品價格紛紛上漲，這種情況稱為「農貨膨脹」（agflation）。根據糧農組織計算的食品價格指數，從 2007 年 3 月到 2008 年 3 月，一年內飆漲了 57%。小麥與黃豆價格也漲了一倍，玉米價格自 2007 年秋季以來則漲了 66%。

然而，稻米價格仍遠高於其他農產品，並且在 2008 年春季時持續上漲。從 2007 年 6 月到 2008 年 4 月，稻米價格漲了約 75%──在亞洲漲勢更高。價格從每公噸 400 美元漲破 1,000 美元。

米價上漲造成的非常大的後果。稻米是全球約 30 億人口的主食，在許多國家，家戶所得近一半是花在購買食品上。米價上漲威脅著許多國家的政治穩定性，並在全球造成嚴重的動盪。

海地的抗議造成多人身亡，而抗議的消息被傳至埃及、布吉納法索、卡麥隆、印尼、象牙海岸、模里西斯、莫三比克和塞內加爾。為什麼會這樣？

全球交易的稻米量為 3,000 萬公噸，遠低於於總生產量 6.5 億公噸。

稻米市場主要受制於結構性不足。全球市場裡每年的稻米交易量平均約為 3,000 公噸，遠低於生產量 6.5 億公噸。這使得全球米價極容易受到短期供需波動所影響。都市化、人口結構以及對替代性能源的需求和氣候條件，全都是影響的因素，而且某種程度上也影響著其他農產品。

舉例來說，亞洲快速都市化已經破壞了愈來愈多農地，而且亞洲的景氣繁榮也導致食用更多肉類，增加了餵食牲畜的穀物需求。光是中國的肉類消耗量在過去 30 年來就增加了 150%。此外，亞洲的稻米田必須供應當地每年 8,000 萬

個新生兒。間接影響的因素則是，高油價和相關的生質燃料需求增加，也推升了稻米價格，因為許多農民改種較具經濟價值的玉米、小麥和油菜籽。

2007到2008年，有些國家因為氣候因素而發生稻米嚴重歉收。雷暴雨和洪水一年內破壞超過2,000萬英畝的稻田，是泰國總稻田面積的兩倍。孟加拉通常是主要的稻米出口國，在2007年時因洪水和熱帶風暴錫德（Sidr）破壞所有稻米而蒙受重大損失。越南也因為嚴重的害蟲侵襲和疾病導致稻米收成不佳。結果，稻米價格持續上揚，情況逐漸惡化。

由於恐慌性購買和出口限制，導致骨牌開始倒下：亞洲的供給持續緊張。稻米出口國越南和印度發出稻米出口限制，同時印度還減緩出口以隱定國內米價。其他出口國如中國、埃及和柬埔寨也加入限制行列，祭出出口限額與關稅。中國非常擔心供給自己國內人口而放棄出口直到進一步通知，而泰國的農民、貿易商和米廠則開始囤積稻米。

亞洲國家囤積稻米和出口限制，都惡化了原本就緊縮的供給。

亞洲各地都有恐慌性購買的情形。即使在美國，沃爾瑪超市（Wal-Mart）也對顧客提出購買限制。全球最大進口國菲律賓搶在供給短缺發生前，就宣佈大量採購稻米。進口國諸如孟加拉、印尼和伊朗也受到影響。然後5月3日那一天，災難爆發了。

熱帶氣旋納吉斯襲擊緬甸的海岸，在收成季重創稻米供

給區，5 至 10 萬人死亡。稻米價格再次飆升，饑荒和饑餓引發的人民起義的風險大增。隨著米價大漲四倍，許多地區面臨動盪的威脅。除了供給緊縮和不利的天氣，出口限制和囤積稻米造成人為短缺，大幅加劇了情勢。即使維猜也沒預料到情況會變得這麼嚴重。

然而，2008 年 5 月時，供給的情形改善。最大稻米生產國之一的巴基斯坦放鬆出口限制，而印度的稻米產量則較預期多出 200 萬公噸。然而，稻米市場的結構性問題仍未解決。由於國際稻米市場較小，亞洲的供給瓶頸未來仍將再次出現。

精華摘要

- 2007 年初時，泰國「稻米預言家」維猜・斯利普拉瑟預估，米價將大幅飆漲，當時因此被訕笑。
- 但 2007 年稍後，由於原油價格大漲推升許多農產品價格跟著大漲（即「農貨膨脹」）。稻米市場的情況尤其嚴峻。
- 2007 年 6 月到 2008 年 4 月，亞洲稻米價格從 400 美元漲破 1,000 美元。囤積和出口限制使原本緊縮的供給情況更加惡化。
- 熱帶氣旋納吉斯於 2008 年 5 月襲擊緬甸，破壞該國稻米收成，且造成多達 10 萬人喪生。
- 稻米價格大漲四倍，許多地區面臨動盪的威脅，導致的困境甚至連「稻米預言家」也始料未及。

第 31 章
小麥：曼菲斯的運作
2008 年

小麥價格飆漲一再創新高。
交易員艾文‧杜利賭錯了小麥的走勢，
操作 10 億美元結果失敗，
導致他的雇主全球曼氏金融在
2008 年 2 月虧損 1.4 億美元。

「我真的不知道錢在哪裡。」

——強・科爾津，全球曼氏金融執行長

　　就在法國交易員傑宏・科維耶（Jérôme Kerviel）投資歐洲股票指數導致法國投資銀行興業銀行（Société Générale）虧損近 50 億美元災難性的結果後不到一個月，另一位交易員也為自己的雇主惹了很大的麻煩。

　　這一次是因為炒作小麥期貨。2008 年 2 月底時，全世界最大的期貨與選擇權經紀商全球曼氏金融（MF Global）承認，公司在田納西曼菲斯的一位交易員用公司帳戶炒作小麥期貨，在幾個小時內造成了 1.4 億美元虧損。

　　2007 年分拆自曼氏金融集團（Man Financial Group）的全球曼氏金融是大宗商品期貨經紀商，提供清算與執行服務。公司的目標是成為和高盛或摩根大通齊名的金融服務公司，而全球曼氏的執行長是高盛的前董事會主席，也曾任紐澤西州長的強・科爾津（Jon Corzine）。雖然全球曼氏金融在華爾街規模不大，但在芝加哥商品交易所卻是一股龐大的勢力，有多達 300 萬未平倉的期貨與選擇權部位，帳面價值逾 1,000 億美元。全球曼氏的客戶占芝商所交易量近 30%。

　　美國小麥於 2007 年 11 月時的價格已在 7.50 美元，到了 2008 年初已漲破 8 美元。價格上漲部份原因是供給緊縮，但是漲勢也愈來愈受到炒作的資金和弱勢美元所推升。幾天內價格就漲破 9 美元和 10 美元，到了 2 月低，情況更是失控。2 月 27 日，快要交割的小麥合約的單日波動幅度高達

> **小麥交易**
>
> 小麥是全球第二大農產品，僅次於玉米，於商品期貨交易所進行交易。在芝加哥期貨交易所，小麥的交易代號是 W 加上當期合約月份（例如 W Z0 代表小麥 2020 年 12 月）。一張合約代表 5,000 英斗的小麥，每一英斗相當於 27.2 公斤。

25%。雖然交易的是未平倉部位，但到了中午價格已經跌到 10.8 美元。

交易員艾文・杜利（Evan Dooley）炒作 200 萬公噸的小麥價格下跌。

然而到了下午，價格再次躍升至每英斗 13.5 美元。消息指出最大的小麥出口國哈薩克將對出口課稅以降低銷售量，推升了美國小麥價格。這是有記錄以來最大單日漲幅。

但是價格波動還有另一個理由：從 2005 年 11 月起受雇於全球曼氏金融的艾文・杜利於 2 月 27 日，用自己的帳戶建立大量的小麥期貨部位。這位 40 歲的交易員這個未經授權的舉動，已經遠超過其交易限制。

杜利預期小麥價格小跌，據說他已交易了 15,000 筆──200 萬公噸的小麥。這個部位的價值約在 8 到 10 億美元之間。但是小麥價格仍持續大幅上揚，公司被迫虧損結束部

圖 28 小麥價格，美分／英斗，2007 到 2008 年，芝加哥期貨交易所。

資料來源：彭博，2019。

位，也就是買進更多的期貨合約。此舉導致期貨價格躍升至新高，雖然小麥價格仍持續走高，但未來多年後都沒有達到相同的價位。

當天全球曼氏金融股份重挫逾 25%。虧損高達 1.4 億美元，相當於前一季的四倍。由於憂心虧損過大，全球曼氏金融承諾修改內部政策與風險管理。杜利立即遭到開除，而全球曼氏則因為未監督交易員而遭罰 1,000 萬美元。杜利本人被判於聯邦監獄服刑五年，並且必須歸還 1.4 億美元。

另一方面，全球曼氏於 2011 公佈季報虧損 1.92 億美元後倒閉。倒閉後客戶的資金就此蒸發，而成了一場大醜聞。然而，相較於總資產 6910 億美元並於 2008 年倒閉的雷曼兄

弟所造成的亂局，全球曼氏倒閉和 400 億美元資產的消失，只是美國史上第八大破產案，仍相當微不足道。監管當局急著讓世人看到，不是所有華爾街的企業都是「大到不能倒」，所以樂於讓全球曼氏金融倒閉。

精華摘要

- 2008 年傑宏・科維耶炒作歐洲股票指數造成的災難不到一個月後，另一名交易員也給雇主惹了大麻煩。全球曼氏金融的艾文・杜利炒作小麥價格下跌，累積空頭部位將近 10 億美元。
- 然而小麥價格卻持續攀升，自 2007 年底每英斗 7.50 美元到了 2008 年 1 月升至逾 10 美元。
- 2008 年 2 月 27 日，芝加哥小麥價格在單日內波動 25%——價格跌回每英斗 10.8 美元，然後又在下午躍升至 13.5 美元。全球曼氏金融在幾小時內累積虧損 1.4 億美元。

第 32 章
原油:德州的正價差
2009 年

西德州中級(WTI)原油價格崩盤
令全球各地的商品期貨交易員大感不安。
奧克拉荷馬州一個 1 萬人的社區成為全球的焦點。
「超級正價差」的概念誕生,
投資銀行也開始從事油輪事業。

「超級正價差是指當商品的遠期價格遠高於現貨價格,而通常用來解釋正價格的原因是利息和儲存成本,但此時這兩個原因都無法解釋。」

——投資網站 Moneyterms.co.uk

奧克拉荷馬州的庫欣市(Cushing)是個人口不到 1 萬人的小鎮。當地有一間沃爾瑪超市、一些速食餐廳和幾間加油站。只有龐大的油槽、油管和煉油廠顯示這個鎮有些特別。在該鎮的南部有一個美國戰備儲油設施群,容量高達 3,500 萬桶,是美國最大的戰備儲油設施之一。

2009 年初,美國原油指標西德州中級原油唯一的交割地,庫欣忽然間成為全球關注的焦點。油市開始大量累積庫存。

在金融市場危機以及經濟展望惡化初期,原油價格在 2008 年下半年承受龐大的壓力。那年夏季,原油曾短暫超過每桶 145 美元。但後來油價跌破 45 美元。投資資金撤出(「去槓桿化」)也導致油價暴跌。分析短期原油合約就可以明顯看得出來,金融投資人通常都投資在哪些標的,以及哪些標的比長期合約受到的衝擊更大。

追蹤好幾年的原油期貨交割價格的遠期期限結構,在 2008 年夏季時仍幾近持平,但是後來西德州中級原油的正價差結構上升。正價格是指現貨價格低於期貨價格的水準。原因可能是倉儲成本,例如保險和利息,但是供需的作用可以抵銷這些因素。

原油交易

由於原油的類型和品質很多,市場參與者同意以幾種地區差異來交易:在紐約商品交易所交易的是美國西德州中級原油,在倫敦洲際交易所是北海布蘭特原油,在新加坡是亞洲的塔皮斯原油(Tapis)。此外還有石油輸出國家組織的一籃子價格,計算七種不同原油的平均價:阿爾及利亞的撒哈拉混合原油(Sahara Blend)、印尼的米納斯原油(Minas)、奈及利亞的波尼輕原油(Bonny Light)、沙烏地阿拉伯的阿拉伯輕原油(Arab Light)、阿拉伯聯合大公國的杜拜原油(Dubai)、委內瑞拉的蒂亞胡安娜輕油(Tia Juana Light)和墨西哥的地狹原油(Isthmus)。在期貨交易市場,西德州中級原油和布蘭特原油是主要的油價參考,以每合約 1,000 桶交易,代號為 CL(西德州中級)和 CO(布蘭特)加上對應的合約月份(例如 Z9 為 2019 年 12 月)。

2008 年 10 月到 12 月,正價差變得極端。近端的西德州中級原油合約價格下跌至歷史價差(spread)——2009 年 1 月和 2009 年 12 月的合約價差超過 20 美元。商品期貨交易員創造了「超級正價差」(super-contango)一詞,以描述當時的情況,而商品分析師說原油價格扭曲的情況「真是太離譜了」。

西德州中級原油和其他原油例如布蘭特原油的參考價完全脫鉤,英國的投資銀行巴克萊有一位商品分析師說,以

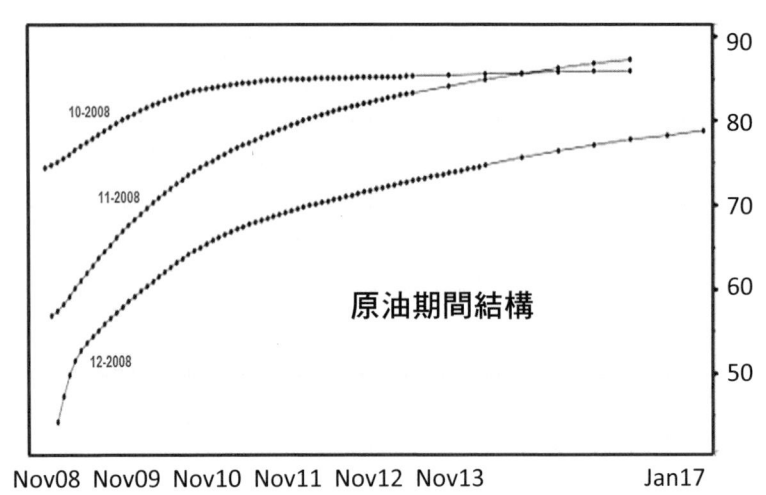

圖 29 西德州中級原油期間結構，美元／桶，2008 年。

```
         10-2008
         11-2008
         原油期間結構
         12-2008
```

Nov08 Nov09 Nov10 Nov11 Nov12 Nov13   Jan17

資料來源：彭博，2019 年。

國際原油市場的指標來說，這簡直就像是「用巧克力做的防燙手套」一樣。是什麼造成這樣的情況？更重要的是，這代表著什麼？

　　全世界的焦點轉向庫欣，世界的「管線十字路口」和西德州中級原油唯一的來源。正價差有利於儲備，因為雖然現在價格偏低，但以後可以用較高的價格賣出。唯一的問題在於，持有原油的人必須有適當的儲存設施。由於正價差持續上升，庫欣的石油儲備正在穩定增加。

　　1 月時，原油庫存超過 3,300 萬桶（一桶相當於 159 公升），剩下的空間被填滿的速度就像冰在陽光中融化的速度一樣快。超級正價差造成「超級儲備」，因為每個持有原油

圖 30　2009 年 1 月（CLF9）和 12 月（CLZ9）原油價差，美元／每桶。

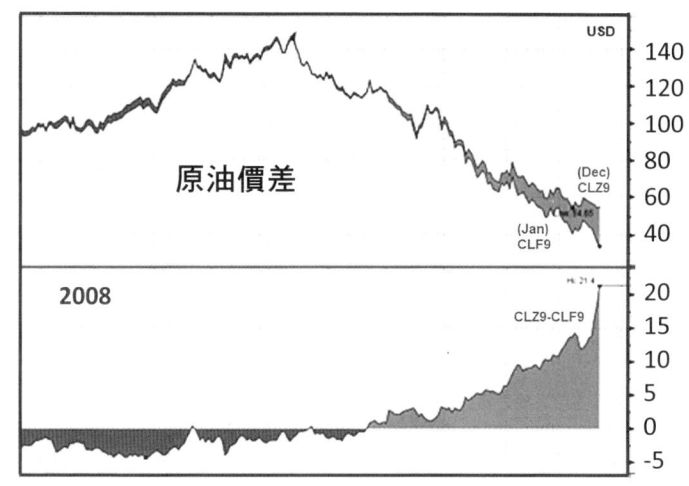

資料來源：彭博，2019 年。

期貨卻沒有適當存放空間的人都必須將原油出售，如果有必要，不論價格高低都得賣掉。而美國原油的低點在 35 美元。

超級正價差！前端西德州中級原油最低 35 美元，日期稍晚一點的原油合約則維持在 50 美元之上。

很難知道超級正價差是否只是表達因經濟放緩導致原油市場短期供給過剩的情況，還是指數和避險基金資本對遠期合約撤資所造成的影響。不論如何，原油遠期曲線陡峭程度仍持續加劇。

第 32 章
原油：德州的正價差

圖 31 波羅的海原油油輪指數，2002 到 2010 年。

波羅的海原油油輪指數

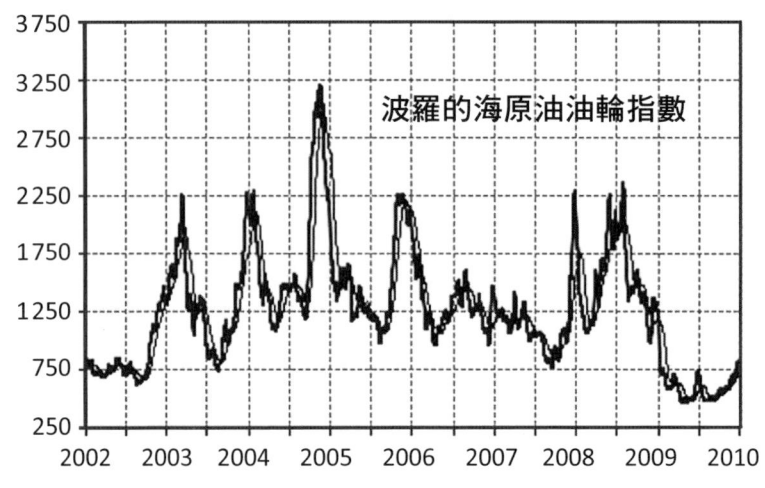

資料來源：彭博，2019 年。

除了價格差之外，還有一個因素使這次的情況不同於以往：經濟放緩以及信貸緊縮令國際海運價格承壓。2009 年初時，油輪海運價約比 2008 年夏季時的高點低了 85%。

原油的超級正價差加上運費低廉，提供投資銀行獲利的機會。

2009 年初有一小段時間，指標原油期貨合約與 2009 年 12 月合約的價差超過 30%。超級正價差加上原油油輪運費低廉，不只為原油交易商創造新的機會，對投資銀行來說也是，因為可以把原油存放在海上的油輪中。

由於庫存充足，既然可以在沒有風險的情況下透過期貨

> **淺談油輪**
>
> 波羅的海交易所（Baltic Exchange）是船舶經紀公司、船東和承租人的國際市場。股票交易所的各種指數有助於大致瞭解不同貨物類型、船舶大小和海運路線的運費。波羅的海成品油油輪指數（Baltic Clean Tanker Index）追蹤載運清潔貨品，例如成品油（汽油、柴油、燃油或煤油）；波羅的海乾貨散裝船綜合運費指數（Baltic Clean Tanker Index）則是追蹤載運原油之類貨物的運費。2009 年，由於國際金融危機導致經濟放緩和信貸緊縮，波羅的海乾散指數追蹤的散裝貨運的運費較前一年夏季下跌 94%。相較之下，油輪的運費跌幅較沒那麼大。原油的運費下跌約 85%。

合約以 55 美元以上的價格賣出，就沒有理由要在 40 美元以下價位出售原油。1 月原油價格比 12 月合約低了 20 美元，而 2009 年 1 月超級油輪存放一桶原油的價格平均大約是 0.90 美元。假設運送、保險和融資都安全，石油公司和交易商都有機會大賺一筆。

三到九個月的油輪出租合約特別受到歡迎。

2009 年 2 月，全球最大超級油輪商前線（Frontline）公佈 25 艘油輪已被承租，還有 10 艘正在洽談中。容納不到 200 萬桶原油的油輪不會被納入統計數字中，但是業界專家預估，當時海上有多達 8,000 萬桶原油，是庫欣官方的儲備數字的兩倍。這個獲利的機會還不只如此。新的客戶不再是

英國石油或艾克森石油,而是美林、摩根士丹利、高盛、花旗、巴克萊和德意志銀行等金融機構。

全球的船舶經紀公司對存放的要求感到非常意外。畢竟 35 艘超級油輪占全球原油油輪總量的 10%。由於有額外的需求,油輪運費從低點略為上升。然而,就算當時潛在的經濟數據改善,油在海上漂流導致當年的油價無法大漲。原油價格在一年內大跌近 75% 後,漂浮在海上的貨物供給過剩令市場不安。2008 年,國際能源組織公佈 1983 年以來首次出現原油需求下滑。

精華摘要

- 奧克拉荷馬州的小鎮庫欣是全球的原油管線之都,也是最重要的原油指標西德州中級原油唯一的交割點。
- 2008 年夏季時,原油價格為 145 美元。但當時價格崩跌至不到 45 美元,西德州中級原油從逆價差轉為超高的正價差,創造了「超級正價差」一詞。
- 再加上經濟危機導致運費低廉,原油超級正價差提供投資銀行獲利空間,投資銀行可以買進實體原油、存放在超級油輪上,並在期貨交易所賣出,賺取超高獲利。
- 超級正價差導致後續幾年原油的嚴重供給過剩。

# 第 33 章

糖：等待雨季

2010 年

嚴重旱災威脅著印度的糖收成，
全世界糖消費量最大的國家
在全球市場上成了淨進口國。
全球最大糖出口國巴西自己也有麻煩。
結果國際糖價漲至 28 年高點。

「孔雀沒有跳舞就不會下雨。」
——P.K. 杜貝（P. K. Dubey）電影《雨季的婚禮》
（Monsoon Wedding, 2001 年）

2009 年 6 月是印度 80 年來最乾燥的夏季月份，而且乾季似乎沒有結束的跡象。八月的第一周，降雨只有正常值的三分之一。在印度北部的主要農業區，這種稱為聖嬰現象的天氣現象導致雨季終止，印度次大陸的雨季通常是從 6 月初開始到 9 月底。

聖嬰現象在印度造成農作物嚴重歉收，但是印度經常發生旱災和饑荒，因此導致印度有許多儲存設施。根據美國農業部的資料，2009 年約儲存了 2,000 萬公噸的稻米和約 3,000 萬公噸的小麥。但是糖的情況則非常不同。

農作物歉收的情況非常嚴重，尤其是在北方邦（Uttar Pradesh），導致印度從全球第二大糖生產國和淨出國口，變成了糖的淨進口國。前一年才生產超過 2,600 萬公噸的糖，原本預期 2009 年會消耗 2,200 萬公噸的糖。但是 8 月時，印度農業部下修收成預估，先是下修至 1,700 萬公噸，後來又下修至 1,500 萬公噸。直到 2011 年，印度當局才預估糖的收成可達 2,500 萬公噸。

2008 年時，糖的全球交易量約在 4,500 萬公噸，相當於將近三分之一的全球生產量。三分之二的糖都是在生產國消費，不會進入全球市場上交易。如果再考慮其他貿易壁壘，例如限額和貿易協定，則只有 25% 的糖在全球市場上

> **甜蜜蜜！**
>
> 一百多個國家生產的糖，有將近四分之三是來自生長於熱帶和亞熱帶地區的甘蔗。甜菜主要來自歐盟和俄羅斯。巴西是最大的糖生產國和出口國，占全球糖生產的 16%，接著是印度 14%、中國 6% 和美國 5%。巴西超過一半的糖收成都會製成燃料（乙醇）。
>
> 糖有不同的分類並在多個期貨交易所進行交易。交易流動性最大的是紐約期貨交易所的「11 號白糖」（代號 SB），期貨合約交易以每磅美分計價，總共約 50 公噸（11.2 萬磅重）的糖。加上小麥、玉米和大豆，糖是交易流動性最高的農業大宗商品。

交易，而其中 40% 來自巴西，巴西在 1990 年代提升糖生產量四倍。

和印度一樣，巴西在 2009 年時也必須應付嚴峻的天氣條件。但巴西的問題不是乾旱，而是洪水。

過去 40 年來，糖價波動非常劇烈。從 1967 年最低 0.01 美元開始，1970 年代價格暴漲至逾 0.6 美元。然後到了 2004 年，糖價逾 20 年來首次跌至不到 0.06 美元。

印度和巴西天氣問題嚴重，糖價飆升。

但 2010 年時糖價大漲！從印度大舉進口和天氣造成巴西的交貨延遲，推升粗糖價格至 28 年高點。2010 年 1 月 29

圖 32 糖價，美分／磅，1970 到 2010 年。

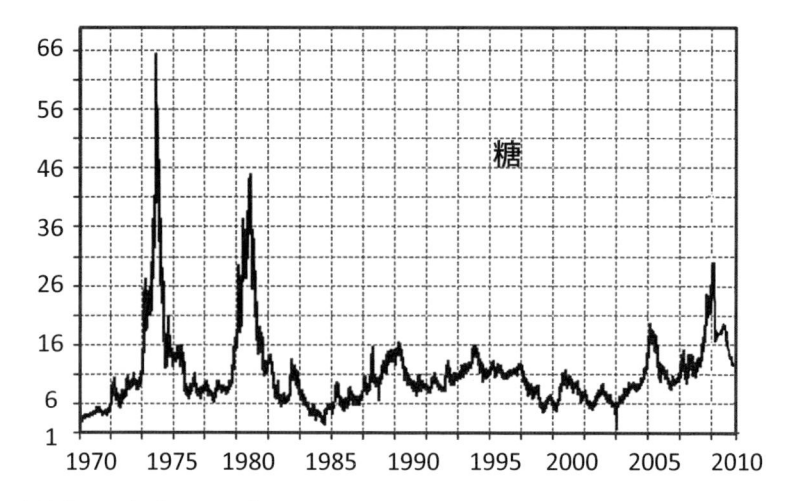

資料來源：彭博，2019 年。

日期貨合約收在每磅 0.299 美元，較前一年大漲了超過 150%。情況只有在 2010 年 2 月 26 日的 3 月合約到期時才減緩。此時巴西傳來的好消息，顯示最嚴重的糖荒已經結束。

精華摘要

- 全球最大的三個糖進口國分別是巴西、印度和中國，後兩者的生產主要是自用。
- 2009 年夏季是印度逾 80 年來最乾燥的夏季。聖嬰現象造

成嚴重的農作物歉收，印度變成全球糖市的淨進口國，而巴西也發生天氣造成的問題。全球糖價飆漲。

● 2010 年 1 月，糖價漲至每磅略低於 0.3 美元，較一年前高出 150%。相較於 2004 年時，糖的價格不到 0.06 美元，漲幅高達驚人的 500%，是近 30 年來最高價。

第 34 章
巧克力手指
2010 年

由於全球最大可可出口國象牙海岸的收成減少，
國際商品期貨市場上的價格上升。
2010 年夏季，
綽號「巧克力手指」的可可交易商安東尼・沃德，
對可可期貨投注了逾 10 美元的賭注。

「他們當然是人。他們是恩帕魯帕人」
——威利旺卡（Willy Wonka），電影《巧克力冒險工廠》（Charlie and the Chocolate Factory）

原產於中美和南美的可可，被馬雅人和阿茲特克人認為是諸神的贈禮，因此很神聖。可可樹的種籽也可以當作支付的方式。西班牙征服者發現，在阿茲特克國王蒙特祖瑪二世（Moctezuma II）的財庫中，除了黃金以外，還有超過 1,200 公噸的可可——這是稅收和龐大的貨幣儲備。

今日的可可是一種重要的經濟作物，對許多開發中國家來說是出口商品，對巧克力製造廠來說是原物料。（德國是全世界人均巧克力消費量最高的國家，平均每個人每年吃掉九公斤。）巧克力的生產成本視可可的含量、品質和處理時間而定，所以一條普通巧克力棒裡面，可可的價格只占生產成本的 10%。

可可在紐約期貨交易所（NYBOT）和倫敦國際金融期貨交易所（LIFFE）交易，10 公噸的合約分別以美元和英鎊計價。

2010 年 7 月時，倫敦的市場傳言稱阿瑪亞羅避險基金在可可市場投注了 10 億美元的資金。據說基金經理人安東尼·沃德（Anthony Ward）買下約 24 萬公噸的可可，試圖壟斷可可市場。這個數量占全球可可生產量的 7%，而且是大多數可供應量。

雖然有些交易員認為這是押注可可價格將因供給減少

> **可可在哪裡？**
>
> 近年來，可可的主要種植區域從中美洲移往非洲。十大生產國占全球可可收成的 90%。其中象牙海岸是全球最大可可供應商，市占率超過 33%。印尼、迦納、奈及利亞、巴西和喀麥隆只能望其項背。
>
> 然而到了 2010 年時，象牙海岸的可可產量較前五年大減 15%，主要是因為農作物的保存不佳以及害蟲肆虐。2008 到 2009 的年度可可收成是五年來最低，只有 120 萬公噸，符合市場參與者預期 2009 到 2010 年的產量趨勢。

而持續上漲，其他人則認為沃德在創造人為造成的短缺，在 10 月的年度收成前透過大量收購以操縱市場。

十大可可生產國占全球產量的 90%。象牙海岸占全球生產逾三分之一。

---

50 歲的安東尼・沃德被視為交易可可的天才。他嘗試壟斷可可市場雖然非常厲害，但並非獨立的事件。2002 年，沃德透過期貨合約收購逾 20 萬公噸的可可，相當於全球可可市場的 5%。但這並非最大可可交易量。所羅門美邦（Salomon Smith Barney）的商品貿易業務是由菲布羅（Phibro）負責進行可可交易，於 1997 年收購 30 萬公噸可可的部位。當時這個可可交易機構的主管是誰？正是安東

圖 33 可可價格，美元／公噸，1990 到 2012 年。

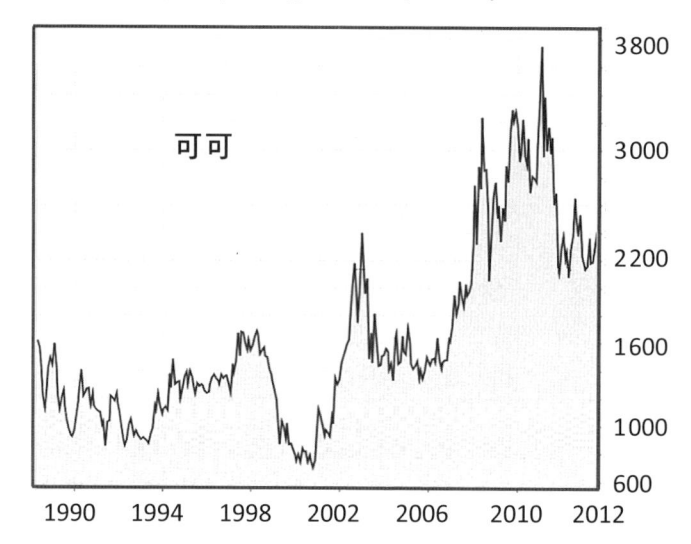

資料來源：彭博，2019 年。

尼‧沃德。

安東尼‧沃德於 1979 年首次交易茶、稻米、可可和橡膠。1998 年他和李察‧戈爾（Richard Gower）共同成立阿瑪亞羅，原本專注於交易可可，然後再加入咖啡和其他農產品。現在的阿瑪亞羅管理 15 億美元，並且在象牙海岸、印尼和厄瓜多都有營運據點，是全球最大的可可供應商之一。在 2010 年 7 月沃德進行的交易後的，英國媒體以《巧克力冒險工廠》裡的「威利旺卡」，以及《007 系列龐德》電影中的惡棍「巧克力手指」稱呼沃德。

安東尼‧沃德自 1979 年以來即為可可交易商和產業專

家。2010年初,因為他的交易,可可價格上漲逾20%。

2009及2010年,由於需求增加、生產減少和避險基金炒作,可可價格於兩年半內漲逾150%,達到1977年以來最高水準。7月中一公噸的可可要價逾3,600美元。因為阿瑪亞羅的採購,可可短期價格上揚。7月期合約較2010年12月期合約溢價300美元。

顧客必須支付的價格,比較晚交割的合約溢價約15%（逆價差）。

在一封給紐約期貨交易所和倫敦國際金融期貨交易所的信件中,16間公司和交易所都對可可市場被操縱一事提出申訴。

但倫敦交易所宣稱「沒有發現市場被操縱的跡象」。

精華摘要

- 可可市場規模相對較小而且高度集中：象牙海岸的可可產量市占率為全球產量的三分之一。十大可可生產國占全球產量的九成。
- 2010年夏季,傳言指出避險基金阿瑪亞羅在可可市場押注了10億美元。有「威利旺卡」和「巧克力手指」之稱的基金經理人安東尼·沃德被指出已買下約24公噸的可可,以試圖壟斷市場。
- 相較於2009年初的價格水準,倫敦與紐約的可可價格漲

逾 150%，達到 1977 年以來最高水準。2010 年 7 月，一公噸的可可要價超過 3,600 美元，較 2002 年高出 500%。巧克力手指贏了賭注。

第 35 章

銅：剛果之王
2010 年

剛果的銅礦帶充滿豐富的天然資源，
但是被無數的獨裁者掠奪。
現在在歐亞天然資源公司要前進非洲，
而哈薩克的寡頭執政者並不害怕
和不光明正大的商人或是貪腐的
剛果民主共和國總統約瑟夫・卡比拉往來。

「以前西方剝削非洲，現在西方想要拯救非洲。我們生活在這樣偽善的環境中太久了。只有非洲人能拯救非洲。」
——約瑟夫‧卡比拉，剛果民主共和國總統

「我們向剛果民主共和國總統買進出售中的資產。」
——李察‧賽克斯勳爵，歐亞天然資源公司

2010年8月20日星期五，倫敦的投資人仔細聆聽一間市值120億美元在倫敦掛牌上市的哈薩克礦業公司歐亞天然資源公司（Eurasian Natural Resources Corporation，

> **剛果簡介**
>
> 剛果民主共和國（Democratic Republic of the Congo），前身為薩伊共和國（Zaire），是非洲第三大國，僅次於蘇丹和阿爾及利亞。鄰近的國家包括前法國殖民地剛果共和國（Republic of the Congo）、中非共和國、蘇丹、烏干達、盧安達、蒲隆地、尚比亞、坦尚尼亞和安哥拉，都比剛果小得多。由於具有豐富的天然資源，例如鈷、鑽石、銅、黃金和其他原物料，剛果是「資源詛咒」（Resource Curse）一詞的最佳範例：剛果民主共和國居民7千萬人，是全世界最貧窮的國家之一。只有尚比亞的人均國內生產毛額比剛果更低。
>
> 剛果首都位於金沙夏（Kinshasa），1960年脫離比利時獨立，總統是卡薩武布（Kasavubu）和受歡迎的總理派屈斯‧盧蒙巴（Patrice Lumumba）。隨後是一段動盪和軍

ENRC），買下卡姆洛斯資源公司（Camrose Resources），這間公司持有剛果政府最近才沒收的科盧韋奇（Kolwezi）採礦授權。這個獲利非常可觀的授權之前的持有者是誰？是加拿大礦業公司第一量子礦業（First Quantum Minerals）。這是則爆炸性的新聞！

忽然間，在歷經了數十年的殖民、獨裁和戰爭後，剛果民主共和國再次成為媒體和國際礦業的焦點。剛果是全世界最貧窮的國家之一，卻擁有大量天然資源的財富。非洲銅礦帶從剛果的礦業省卡坦加省（Katanga）一直延伸到尚比亞（Zambia）北部。

事干預期，蒙博托・塞塞・塞科（Mobutu Sésé Seko）於1965年開始漫長的獨裁統治，這段期間蒙博托和此時稱為薩伊共和國的精英階級，系統性地掠奪國家的財富。

整個體系在1997年瓦解，蒙博托被羅宏・戴席黑・卡比拉（Laurent-Désiré Kabila）遭到罷黜。2001年1月，卡比拉被其中一位保鑣在不明情況下殺害，總統職位傳給他的兒子約瑟夫・卡比拉（Joseph Kabila）。後者在位直到2018年底。2019年1月，反抗領袖菲利斯・席賽克迪（Felix Tshisekedi）成為剛果脫離比利時殖民統治後的第五任剛果金沙夏總統。

雖然第二次剛果戰爭於2003年7月結束（第一次發生於1997到1998年），剛果國內仍持續發生衝突至今日。在「非洲世界大戰」的過程中，共有8個非洲國家、25個武裝團體參與，超過500萬人喪生這是二戰以來最血腥的武裝衝突。

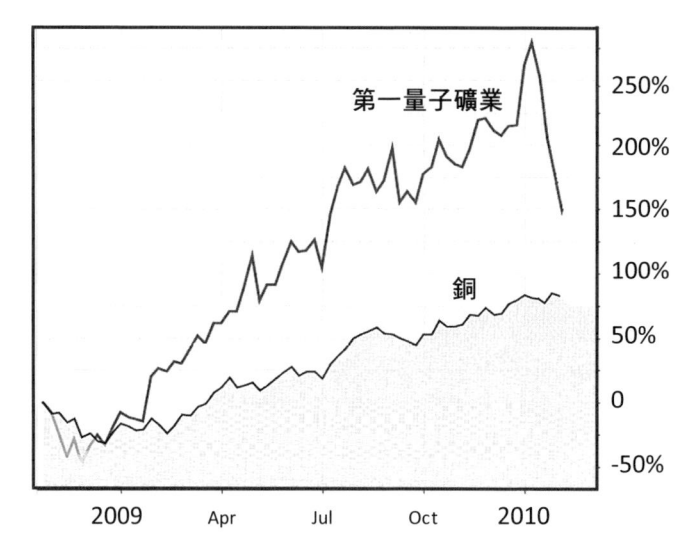

圖 34 銅和第一量子礦業股價，2009 至 2010 年。

資料來源：彭博，2019 年。

　　這裡的銅蘊藏量是全球總量的 10%。2010 年時，銅礦產量少，價格也較以前更貴：以 52 周低點為基礎，銅價光是這一年就已經上漲了 50%。這是銅在倫敦金屬交易所（London Metal Exchange，LME）的交易價第一次漲破每公噸 9,000 美元。

　　卡莫托礦場（Kamoto Mine）靠近科盧韋奇鎮，位於剛果礦區的核心，據信地底下有超過 300 萬公噸的銅和逾 30 萬公噸的鈷。銅蘊藏量以目前的市價估算超過 300 億美元。當礦場仍在運作時，曾是非洲最大企業的國營礦業公司吉卡明（Gécamines）的機器，每天搬運約一萬公噸的石塊。

然而 1990 年 9 月時，礦場的中央崩塌，活埋了許多礦工，礦場的營運停止。蒙博托的獨裁統治並不重視再投資，最大的礦場頹傾。1990 年底，吉卡明將大部分的專案出售給國際礦業公司。

2007 年初，剛果政府檢視逾 60 筆外國採礦合約，以提高國家在礦業的參與和所有權。此後採礦授權的修訂造成了許多的衝突。

政府的目標是未來採礦專案至少要擁有 35%。此外，新的法規也要求專案價值 1% 的簽約金，毛利 2.5% 的授權金，以及規定礦場要在兩年內開始生產。

剛果民主共和國到尚比亞間的非洲銅礦帶的銅蘊藏價值超過非洲大陸一半的 GDP。

2009 年 8 月，官方歷時兩年半的審核後，加拿大第一量子礦業的科盧韋奇授權終止。政府指控第一量子違反 2002 年採礦的規定，但第一量子否認。其中一個爭議點在於吉卡明的股價上漲了 12.5%，卻完全沒有成本支出。

這間加拿大礦業公司的情況非常不樂觀，因為公司已經投資逾 7 億美元在擴張科盧韋奇的營運。

此外，第一量子無法和卡巴拉政府達成協議，剛果最高法院也撤銷了公司的邊疆（Frontier）和龍西（Lonshi）礦業的授權，並改判給國營礦業公司索迪米科（Sodimico），對第一量子又是一個嚴重的打擊。

> **狡猾的狐狸**
>
> 剛果卡坦加省的天然資源財富,醞釀成非洲大陸三位最精明的生意人之間的權力衝突:喬治・佛里斯特(George Forrest)、比利・勞坦巴赫(Billy Rautenbach)和丹・葛特勒(Dan Gertler)。76歲的佛里斯特是佛里斯特集團(Forrest Group)的老闆,生於剛果而且是剛果礦業界的老人。2004年初期,就在剛果戰爭結束後的幾個月,佛里斯特與金洛斯黃金(Forrest and Kinross Gold)就卡莫托銅礦公司(後更名為卡坦加礦業)與政府達成合資協議。南非最大的運輸公司非洲之輪(Wheels of Africa)的創辦人勞坦巴赫是辛巴威總統羅柏穆加比(Robert Mugabe)的朋友。他想透過英國公司卡梅卡(Camec)取得珍貴的加丹加礦業公司(Katanga Mining)。但是在經歷一段短期的併購戰後,剛果政府宣佈將審視這些採礦授權時,勞坦巴赫聽懂了政府的暗示,遂於

2010年1月,新成立的高風資產公司(Highwinds Properties)是丹・葛特勒所持有,並且透過可疑的交易獲得科盧韋奇的採礦授權。幾個月後重磅消息傳出:2010年8月20日,歐亞天然資源確認以1.75億美元收購卡姆洛斯資源50.5%的股份,並取得科盧韋奇的開採授權。公司表示打算與丹・葛特勒旗下另一間公司賽里達全球(Cerida Global)合作。在收購卡姆洛斯之後,歐亞天然資源也承諾高風4億美元貸款,以及為賽里達的債務承諾1.55億美元

2007 年 9 月退出。勞坦巴赫先前是吉卡明的經理，但後來被佛里斯特所取代，造成雙方之間的嫌隙。

與此同時，葛特勒則是另起爐灶。年僅 30 歲的葛特勒於 2004 年結束與政府共同開發卡莫托歐利維拉維古拉（Kamoto-Oliveira Virgule，KOV）的合資合約。卡莫托是加丹加地區唯一的礦場，資源比卡莫托銅業公司還要多。估計地底下約有逾 670 萬公噸的銅和 65 萬公噸的鈷，是卡莫托的兩倍。根據 2018 年的市場，光是這些資源就超過半個非洲的國內生產毛額。

在加丹加的收購戰期間，葛特勒透過尼卡諾（Nikanor）買下加丹加的礦場。卡梅克最後在 2008 年輸掉競購，尼卡諾和加丹加礦業公司合併。除了他的財務資源外，葛特勒也有極佳的人脈：他是以色列鑽石交易所的創辦人，也是時任以色列總理艾里爾·夏隆（Ariel Sharon）的朋友，同時他和剛果總統約瑟夫卡比拉同年齡，而且和他也是密友。

的擔保貸款。

卡姆洛斯也向歐亞天然資源提供在艾非利科（Africo）的子公司多數股份，歐亞天然資源的銅與鈷專案很靠近卡梅克資產。此舉對於這間哈薩克公司來說具有策略重要性，因為歐亞礦業公司先以 9.55 億美元於 2009 年收購了中非礦業與探勘公司（卡梅克）。這就是丹·葛特勒介入的時候，卡梅克有 35% 的股份是由以色列投資者所持有，以色列投資人很快就結合三位哈薩克寡頭執政者：馬什克維奇

（Alexander Mashkevich）、喬迪耶夫（Patokh Chodiev）和伊布拉伊莫夫（Alijan Ibragimov），他們持有40%歐亞礦業公司的股份。

卡梅克和卡姆洛斯之間的交易還有歐亞天然資源於2010年5月取得的諾罕白金（Northam Platinum）12%的股份，是歐亞天然資源在非洲積極擴張政府的重要里程碑。儘管申請中且可能獲得的探勘機會和許多機構投資人可疑的態度，只有時間能證明歐亞天然資源在剛果的成果會不會比加拿大競爭對手第一量子更有利。

時光飛逝。2013年11月，歐亞天然資源從倫敦股市下市。隔年4月英國展開正式的賄賂和違反制裁（sanction-busting）調查，公司的創辦合夥人決定讓公司再度成為私人公司。2014年2月，消息傳開來指出該公司需要出售所有的國際資產以償還債務，包括剛果民主共和國的銅礦。但是卡比拉總統仍掌權直到2018年底。

哈薩克公司歐亞天然資源積極地在非洲擴張，而且不害怕與約瑟夫．卡比拉這類獨裁者往來。

2019年1月，反對黨領袖菲利斯．席賽克迪（Felix Tshisekedi）宣佈成為剛果第五任剛果金沙夏總統。反對黨的領袖馬汀．法豫魯（Martin Fayulu）抱怨卡米拉（Kamila）雖然已經卸任，仍可能與同事繼續掌權。總統大選已經延遲了逾兩年，儘管有龐大的抗議聲浪，選舉仍持續延後。

精華摘要

- 非洲銅礦帶從剛果一直延伸到辛巴威,蘊藏驚人的天然資源。2010年時,銅礦帶成為動盪的焦點,當時卡比拉總統撤銷加拿大公司第一量子礦業公司的開採授權。
- 此時銅是一門大生意,因為銅價在倫敦金屬交易所達到每公噸9,000美元的歷史高點。
- 在倫敦掛牌交易的哈薩克資源公司歐亞天然資源公司,開始在非洲大舉擴張。公司的領導階層願意與不太光明正大的生意人和卡比拉總統貪腐的政權往來。
- 在一場丹・葛特勒的高風資源可疑的交易中,第一量子的開採授權被沒收並出售給歐亞天然資源公司。國際投資人大感震驚,公司也在幾年後下市。

第 36 章
原油：深水地平線和漏油事件
2010 年

墨西哥灣的情勢緊張。
深水地平線鑽油平臺爆炸，
展開一場空前的災難，
是有史以來最嚴重漏油事件。
7.8 億公升的原油流入海中。
英國石油公司的市值在幾個月內蒸發了一半。

「這個井不想被鑽…看起來好像我們在整垮大自然」
——丹尼爾・拜倫（Daniel Barron），深水地平線災難生還者

「我想要回我原本的生活。」
——東尼・霍華（Tony Hayward），英國石油（BP）執行長

「深水地平線」（Deepwater Horizon）是全世界最先進的深水鑽油平臺。這個平臺架設於 2001 年，長 121 公尺，寬 78 公尺，高 23 公尺，費用為 3.5 億美元。2010 年 4 月，這個龐然大物立足於墨西哥灣路易斯安納州近海 40 英里處。從 2 月開始，平臺在密西西比峽谷區 252 開始忙碌地工作，在海平面下 4,000 公尺處鑽取馬康鐸（Macondo）的石油蘊藏。

2010 年 4 月 20 日本來應該會是順利的一天，因為美國石油學會的油井編號（API Well No.）60-817-44169 即將鑽孔完成。油井本來會被封住並由產油平臺加以生產。因為如泛洋鑽探（Transocean）這類平臺營運商是按日向石油公司收費，所以每一天都很重要。以此案來說，英國石油已經很擔心了，因為深水地平線已經落後進度 43 天了。進度落後已經令英國石油花了超過 2,000 萬美元。

艾克森瓦德茲號漏油事件 20 年後，更嚴重的環境災難即將發生。

> ## 過去的災難
> ### 艾克森瓦德茲號
>
> 1989年3月24日午夜過後不久,發生了美國史上最嚴重的環境災難。300公尺長的油輪艾克森瓦德茲號(Exxon Valdez)正要離開阿拉斯加的海港城市瓦德茲市的縱貫阿拉斯加管道(Trans-Alaska Pipeline)的油裝載站,在威廉王子灣觸礁。這起意外造成四萬公噸的原油外洩。
>
> 約有2,000公里長的海岸線遭到污染,數以十萬計的魚、海鳥與海洋生物死亡。意外發生時,船長約瑟夫‧海澤伍德(Joseph Hazelwood)在房間裡喝醉了,由三副葛雷格利‧庫森斯(Gregory Cousins)在艦橋掌舵。
>
> 儘管經過大規模的清理,生態系統在三十年後仍受到嚴重的影響。

當天早上,四名英國石油的經理搭乘直升機來監督鑽井的完成。幾個小時前,石油服務公司哈利柏頓(Halliburton)才用水泥封住鑽孔,但是斯倫貝謝油田設備服務公司(Schlumberger)的員工本來要測試水泥是否封住了鑽井,但是還沒完成任務就被英國石油的經理叫回陸地。

為了加速工程,英國石油要求快一點使用海水來取代鑽井泥漿,以便開始生產。這個決策造成英國石油和泛洋鑽探經理之間的爭論,後者認為現在這麼做太早。不同於海水的是,鑽井泥漿會壓抑天然氣和石油的上升。但英國石油的經理贏了,於是開始工程。

這個決定後來證明是災難一場。鑽孔有一個漏洞，而鑽井泥漿和天然氣泡泡開始外洩。水泥塞也出現漏洞。工作持續至夜晚，直到忽然間有人聽到尖銳的甲烷外洩聲音，泥漿迫從油井的鐵架塔中噴出，顯示發生爆炸。

甲烷被點燃，熊熊烈火直衝天際。忽然間整個油井的鐵架塔起火，鑽油板上的四名工人死亡。

深水地平線為英國石油在墨西哥灣鑽取黑金。

原本用來警告發生火災和有毒或爆炸性氣體的警報感應器被關閉了，好讓工人在半夜時不會被警報給吵醒。現在平臺下方是一團混亂。睡眼惺忪的工人只穿著救生衣，就從平臺上跳入水中自救。但是深水平地線著火，水面上的油也起火。亂象也發生在鑽油平臺的兩艘救生船。

約晚間 11 點，一艘 80 公尺長的補給船「戴門 B. 班克斯頓」（Damon B. Bankston）救了生還者。11 人死於爆炸。兩天後，鑽油平臺沉入墨西哥灣中。

這個平臺的傾倒是美國最嚴重環境災難的開始，這起事件在 2016 年為好萊塢提供賣座強片的素材，由馬克華伯格（Mark Wahlberg）主演。

當火勢在深水地平線的平臺上爆發時，工程師克里斯多福・普雷森（Christopher Pleasant）按下爆炸預防鈕（blowout preventer，BOP）緊急按鈕，一連串關閉閥直接蓋上油井口以防止石油流入。爆炸預防按鈕就像巨大的鉗子一樣，本來

應該要蓋住住關閉油井以防止災難發生。自動緊急系統被啟動，但是什麼事也沒發生。

調查委員會後來發現，深水地平線的爆炸預防鈕的維護不當、液壓系統洩露，且安全指示也未妥善維護。此外，裝置的環形閥早在幾周前就已毀損。不只是爆炸預防鈕不佳，早在 2009 年 9 月，英國石油就對泛洋鑽探通報平臺上有將近 400 起故障。但維護工作被延後，有超過 26 個系統的狀態很糟。甚至連壓載系統也有問題。

平臺沉沒後開始出現浮油。一開始面積大約是 1.5 公里乘以 8 公里，在短短幾天內擴大至將近 1 萬平方公里。每天都有大約 500 到 1,000 萬公升的原油流出，路易斯安納、佛羅里達、密西西比和阿拉巴馬州全都宣佈緊急狀態。根據美國內政部的流速技術小組（Flow Rate Technical Group，FRTG）的資料，每八到十天流出的原油量相當於艾克森瓦德茲號災難的油量。英國石油估計源頭大約有 70 億公升的原油。因此所有的原油需要兩年到四年的時間才會全部流入海中。

馬康鐸鑽探的結果是災難一場。這場美國史上最大的漏油事件，將近 7.8 億公升的原油流出，而英國石油的市值重挫一半。

平臺沉沒後不久，英國石油開始建造兩座相鄰的獨立減壓井（稱為底部封堵法，bottom-kill method），但是鑽鑿工

作需要三個月。同時，利用大型鋼製圓頂輔助聚集漏油的方式也失敗。

海床的深度大約是 1,500 公尺，使情況變得複雜。到了 2010 年 5 月底，已多次嘗試以泥土和水泥（頂部封堵法，top- kill method）試圖堵住漏油，但也都失敗了。到了 7 月底時，英國石油利用新的密封裝置，成功地大幅減少原油流入，暫時成功地堵住漏油。結果 8 月 6 日時，修正頂部封堵法的「靜態封堵法」（static kill）──將水泥灌入旁邊的減壓孔，漏油終於被永遠封住。9 月 19 日，深水地平線沉沒五個月後，英國石油宣佈油井已「正式結束」。

花了五個月才封住漏油。

估計約有 500 萬桶，約 7.8 億公升的原油外洩，在災難發生的期間，英國石油的市值重挫腰斬。公司宣佈將處份 100 億美元的資產以負擔漏油的費用。

當時英國石油只有 30 億美元，但公司也設立了一個逾 200 億美元的信託基金，以供未來災難發生時的後續處理。至於誰該為這次的災難負責，則仍未得到解答。毫無疑問，英國石油採取高風險、使用不遵循產業法規的作法以節省成本，因此原則上應承擔財務責任。泛洋鑽探的角色是鑽油平臺營運商，因此責任也必須釐清，尤其是鑽油平臺的保養情況相對不佳。至於哈利柏頓，問題圍繞著油井的水泥封堵究竟是否完成，並且已經向英國石油的合夥公司三井石油勘探

圖 35 2010 上半年英國石油股價波動。

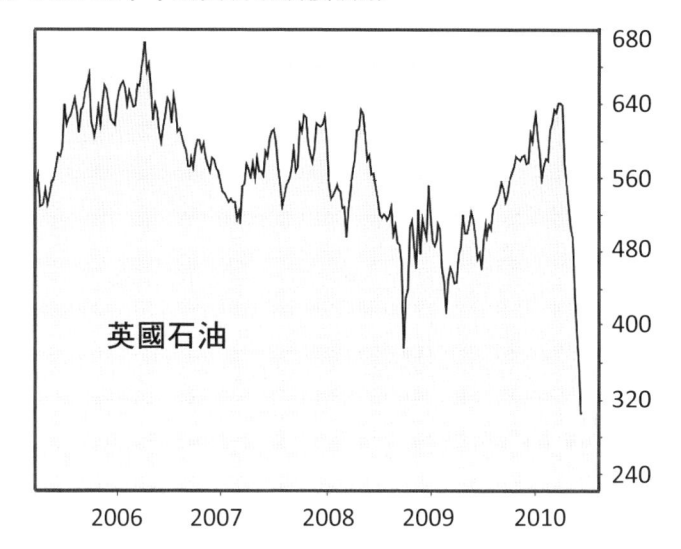

英國石油

資料來源：彭博，2019 年。

公司（Mitsui oil exploration co.）以及阿納達科石油公司（Anadarko）提出最初的賠償申請。

　　這起災難強化了大眾對於與深水鑽探風險有關的注意，而且不只是在墨西哥灣，還有巴西和非洲已計畫的專案。災難造成的直接結果就是美國政府通過深海鑽探延期，暫時禁止所有新的深海鑽探計畫。雖然後來延期被撤銷，但並沒有發出新的許可執照。結果，歐巴馬總統開除礦資源管理服務局（Minerals Management Service）局長伊莉莎白・比恩鮑（Elizabeth Birnbaum），因為重大疏失違反監督的責任。這個機構現已更名為海洋能源管理局（Bureau of Ocean

Energy Management, Regulation and Enforcement）。

　　這場災難造成的經濟破壞無法估計，更不用說對環境造成的衝擊不只是石油生產的直接效應，還有燃燒石油和使用有毒化學物質，例如使用除油劑 Corexit 來解決漏油問題。英國石油於 2018 年表示，再次調高未決索賠的預估金額後，將針對深水地平線漏油支付更多的費用，總費用達到約 650 億美元。墨西哥灣災難的後續效應未來仍將持續數十年。

精華摘要

- 位於墨西哥灣的深水地平線鑽油平臺，馬康鐸油井大約在海平面下 4,000 公尺處，最後以災難收場。將近 7.8 億公升的原油外洩，負責此次鑽探的天然氣與石油公司，英國石油的市值腰斬。
- 這次漏油造成美國史上最嚴重的環境災難，遠比 20 年前的艾克森瓦德茲號漏油嚴重得多。
- 結果，美國當局暫時凍結所有深水鑽探執照。英國石油估計災難造成的費用高達 650 億美元。

第 37 章

棉花：白色的金子

2011 年

「反聖嬰現象」的天氣異象造成的
洪水和天候條件不佳，
導致巴基斯坦、中國和印度的農作物嚴重歉收。
恐慌性收購和囤積推升棉花價格
至美國內戰以來 150 年新高。

「這輩子不會再發生第二次。」

——雪倫・強森（Sharon Johnson），資深棉花分析師

「我想價格還會繼續上漲。」

——于連明，中國棉花農

在古巴比倫，棉花被視為「白色的金子」，而且棉布在歷史上一直很受到歡迎，數百年來一直由人工織造。然而到了 18 世紀末，紡織廠開始以比人工更快的速度、更低的價格生產棉布和服飾。到了 19 世紀，因為蒸氣機、軋棉機、紡紗機和機械織布機等最新的發明，棉花業進入榮景。

英國的紡織業需要更大量在殖民地或是外國生產的原物料，尤其是在 1800 年初時在美國南部大量種植棉花。棉花能在任何溫暖潮濕的地方生長，而南美洲的人工又便宜。將近 250 年來，非裔奴隸在美國南方的田裡辛勞地工作，棉花的生產從每年 1 萬捆增至 400 萬捆，直到 1865 年美國內戰結束終止奴役制為止。內戰期間，棉花價格飆漲至令人目眩的高點，後來一直到將近 150 年後，2011 年春季才又出現這樣的價格。

1995 年以來，棉花價格幾乎都是 0.4 到 0.8 美元，但是到了 2010 年 9 月，棉花價格於 15 年來首次突破每磅 1 美元。幾個月後，德國雜誌《明鏡周刊》在 5 月出刊時哀悼「便宜牛仔褲的終結」，因為棉花價格爆漲。但這只是開始而已。到了 11 月，棉花價格已漲了 40%，之後出現劇烈的修正，

圖 36 棉花價格，美分／磅，2005 到 2013 年。

資料來源：彭博，2019 年。

但是到了 12 月底，棉花價格達到 1.4 美元。2011 年 1 月初，市場價格已經勢不可擋。

2011 年 3 月時，價格飆漲至 2.15 美元，是 2000 年初的四倍，比 2008 年 11 月的價格漲了 480%。

這是紐約棉花交易所自 1870 年引進棉花交易以來，棉花的最高價格。

上一次棉花漲至每磅近 2 美元，是在美國內戰之後。

棉花價格已經連續漲了好幾年。2009 年底時，全球紡

棉花的基礎概念

大部分的棉花種類是以一年生植物的方式種植,需要大量的熱和水。在北半球,播種的時間從 2 月初一直到 6 月初,視地方而定。

中國、印度、美國、巴基斯坦、巴西和烏茲別克的產量,總計占全球棉花生產的 85%,中國和印度生產超過全球市場總額的一半。2009 到 2010 年全球的收成量達到 2,500 萬公噸。

棉花主要用於紡織,占全球紡織纖維的三分之一。可

織業預估隔年的價格會穩定成長 3%。然而好幾個重要的棉花生產國,例如中國、印度、巴基斯坦和澳洲發生洪水和惡劣的天候條件,導致棉花歉收。因為庫存下滑,短期內可買得到的棉花都以高額的溢價出售。

嚴峻的天氣條件再次影響農作物價格。

根據聯合國的估計,2010 年的洪水使全世界第四大棉花生產國巴基斯坦多達 1,400 萬人受到衝擊。雨量異常的雨季被認為是 80 年來最嚴重的一次,大雨破壞超過 28 萬英畝的棉花。根據巴基斯坦軋棉工人協會(Pakistan Cotton Ginners Association)的資料,洪水破壞了 200 萬捆的棉花。全巴基斯坦紡織廠協會(All Pakistan Textile Mills

以分為天然纖維——紡織纖維可分為植物纖維（例如棉花或麻）、動物纖維（例如羊毛和蠶絲）——或是人工（合成）纖維。合成纖維其實占產業最大量，總額近 60%。纖維素纖維（例如嫘縈，viscose）以及石油的衍生產品。最重要的合成纖維是聚脂、聚胺和聚丙烯酸纖維。

棉花在美國的商品期貨市場進行交易，代號為 CT 加上合約月份，合約大小為每合約 5 萬磅。

Association）也公佈令人憂心的棉花短缺。只有 30% 的紡織廠有 90 天的棉花原料庫存量，巴基斯坦很快就停止棉花出口。

幾周後在全球第二大棉花生產國印度也發生同樣的情形。印度紡織部停止出口棉花，因為如果不禁止出口，印度的紡織業就沒有足夠的棉花供給。印度出口降至 50 萬公噸，但是相較之下 2007 到 2008 年的出口季出口量超過 150 萬公噸。

導致棉花短缺的不只是印度國內紡織業快速的成長。全球最大棉花生產與進口國是中國，因為低溫多雨，當年是連續第兩年發生棉花歉收。中國棉花協會 2010 年 12 月的統計數字顯示，每月進口量年增率達一倍。

2010 年底和 2011 年初，洪水和熱帶氣旋雅思（Cyclone

Yasi）在全球第八大棉花生產國澳洲造成嚴重的破壞。澳洲棉花運送商協會原本預估當年度的收成不佳，約 400 多萬捆，然後又將預估下修 10%。

當地的棉花處理商爆發恐慌。他們不計代價以取得原物料，將價格推得更高。而手頭上仍有庫存的棉花農卻使情況更加惡化。中國的全國棉花資訊中心（National Cotton Information Center）估計約有 200 萬公噸的原料沒有進入中國的市場。例如，距離北京 220 公里的山東省胡集村，農民將 1 月底的收成保留 50%，預期價格會再上漲。因為棉花的保存時間不長，這個策略只能持續到四、五月。

棉花出口禁令使情況惡化，造成恐慌性購買和囤積。

不論如何，棉花的價格榮景並不長。位於美國華府的國際棉花諮詢委員會（International Cotton Advisory Committee，ICAC）預估，2011 到 2012 年的棉花季，種植的面積會增至 3,600 萬公煩，是 17 年來最多。這是對歷史價格的自然反應。然而在短期內大部份的處理商沒有選擇，只能混合合成纖維和較貴的棉花。

精華摘要

● 如果你以為棉花價格已經 100 多年沒有出現刺激的漲勢，

那 2010 年的事件就證明你錯了。
- 天球氣候變遷最初的衝擊,是一連串的極端氣候事件。反聖嬰現象造成的洪水和惡劣的天氣條件,在好幾個重要的棉花生產國造成嚴重的農損,例如中國、印度、巴基斯坦和澳洲。
- 當地的棉花處理商的反應是恐慌,將價格進一步推升得更高。而手上仍有庫存的棉花農減少供應量,預期未來獲利更高。
- 結果,棉花價格漲翻天。棉花價格在 2009 年時為每磅 0.4 美元,一年內就漲了一倍,到 0.8 美元,2011 年時更是飆漲至 2 美元。兩年內價格就暴漲 500%。
- 因為供給不足、出口限制、恐慌性購買和囤積,棉花價格漲至美國內戰後 150 年來最高價格。

第 38 章
嘉能可：走向光明的巨人
2011 年

2011 年 5 月，
一家知名但行事謹慎且有著神祕歷史的
全球最大商品交易公司首次公開發行股票。
公司的前老闆馬克·瑞奇和平克斯·格林，
已經被美國司法當局追查逾 20 年。
過去沒有被要求資訊透明也對大眾不負有任何責任，
公司可以自由地和世界各地的
獨裁者和流氓國家進行交易。

「嘉能可（Glencore）是馬克・瑞奇（Marc Rich）留給後世的遺產。」

——丹尼爾・阿曼，《石油大王》（The King of Oil）作者

「我的事業就是我的人生。」

——馬克・瑞奇

　　2011 年復活節假期前一周，在德國法蘭克福美茵河畔一個溫暖、陽光普照的日子。這是那年第一天氣溫升逾華氏 72 度（攝氏 22 度），市區滿是享受溫暖陽光的人們。那天也是嘉能可的「投資人教育」的第一周，是那一年最大首次公開發行股票上市。

　　股權專員正在解釋這間全球最大商品交易公司的策略和營運模式，以及為什麼機構投資人應參與新股發行。位於市中心，在其中一棟銀行大樓的會議室中，有 11 個人正在吃著小點心。但是因為實際會議和電話會議太多了，結果分析師遲到了。有關公司獲利的許多資訊仍不清楚。

　　但是，嘉能可似乎並不是完全資訊透明。國際借款銀行團估計，這間商品期貨巨擘市值約在 600 到 800 億美元，而且只有業界內部人才知道公司的管理團隊到底是哪些人。但這間公司到底是怎麼獲利的？直到首次公開發行新股前，這間位於瑞士的公司最重視的一直只有一件事：隱密性。

　　嘉能可（Glencore 是 Global Energy Commodity Resources 全球能源商品資源的簡稱）是全球主要商品投資者。公司的

業務活動包括生產、處理和交易鋁、銅、鋅、鎳、鉛、鐵礦砂、煤炭、原油和農產品。以營業額計算，這是瑞士最大的公司，也是跨國礦業公司超達（Xstrata）最大的股東，持有該公司 33% 的股份。在公開上市前，嘉能可 100% 由經理人和員工所持有，但直到 1993 年前，公司一直是由一個人掌控：馬克‧瑞奇（Marc Rich），綽號「石油大王」（The King of Oil）。

在商品市場中，馬克‧瑞奇可說是傳奇人物。史上沒有比他更成功的商品交易員。瑞奇是德裔猶太人之子，1954 年時開始在當時全球最大的商品交易商菲利浦兄弟（Philipp Brothers）工作。當時歐洲、美國和亞洲經濟強勢的成長，使得 1960 年代成為商品交易榮景的時代。但是 1973 年時，公司創下獲利新高且馬克‧瑞奇和平克斯‧格林（Pincus Green）扮演決定性的角色，也掀起未來報酬爭議。

馬克‧瑞奇是全世界最成功的商品交易員。他和平克斯‧格林一起擔任七姐妹企業聯合的仲介，並且掌控石油公司直到 1970 年代。

瑞奇和格林離開菲利浦兄弟，並說服賈克‧海裘（Jacques Hachuel）、亞歷山大‧海克爾（Alexander Hackel）和約翰‧特拉佛德（John Trafford）跟他們一起出走。他們於 1974 年 4 月 3 日一起在瑞士楚格市成立馬克瑞奇公司（Marc Rich + Co AG）。

誰是馬克・瑞奇？

馬克・瑞奇本名為馬賽爾・大衛・瑞希（Marcell David Reich），1934 年生於比利時安特衛普，是德裔猶太人之子。為逃離戰爭和迫害，一家人移民至美國並將姓氏改為瑞奇。年輕的瑞奇在紐約大學就讀，但讀了兩學期後於 1954 年休學，然後進入當時美國最大的商品交易公司菲利浦兄弟。他一開始在路易維・傑索森（Ludwig Jesselson）的管理下開始工作，並於 1964 到 1974 年在菲利浦兄弟位於西班牙的分公司擔任經理。1974 年，瑞奇離開公司並與平克斯・格林和其他人一起成立馬克瑞奇公司。

在後來的 20 年內，這間新的商品交易公司成為業界最成功的公司。但是因為公司業務與在 1980 年 4 月被

瑞奇和格林改革了商品交易，瓦解有七姐妹之稱的七大跨國石油公司企業聯合，並成為國際石油交易界的重要成員。1980 年代初期，瑞奇是全球最大獨立石油交易商。馬克瑞奇公司的獲利比瑞士最大的銀行瑞士銀行（UBS）還要高，而瑞奇的私人財富估計超過十億美元。

公司最初集中在交易實體鐵礦砂、非鐵金屬和礦物。該公司進入能源市場時最先交易的是原油和煤。瑞奇公司於 1982 年也靠著收購成立多年的荷蘭穀物配送公司，順利進入了農產品市場。透過進一步收購採礦、冶煉、煉油和處理廠，公司在 1980 和 1990 年代持續成長。

美國政府政治與經濟制裁的伊朗有關聯，瑞奇和格林變成美國司法部調查的對象。被控組織犯罪與稅務詐欺罪名的瑞奇逃到瑞士避免被起訴，此後 20 年他和格林在瑞士繼續照常做生意，同時仍被美國司法當局所追訴。

在 1993 年被完全收購後，瑞奇脫離了公司，集團更名為嘉能可。當時《富比世》雜誌估計他的私人資產超過 15 億美元。

瑞奇從來沒有被起訴，而他在公司最後的一天，也就是 2001 年 1 月 20 日，美國總統比爾·柯林頓（Bill Clinton）授予瑞奇和格林完整且無條件特赦，此舉至今仍充滿爭議。

2013 年 6 月時，瑞奇在瑞士琉森（Lucerne）的醫院中風病逝，享年 78 歲。

嘉能可在尋找下一個獲利來源時並不挑剔。公司的合作對象包括國際上最知名的流氓國家和獨裁者。公司交易商品的對象包括人質危機期間的伊朗和古巴的卡斯楚，還有米洛塞維奇（Slobodan Milosevic）掌權時的南斯拉夫、北韓、格達費（Muammar Gaddafi）掌權的利比亞，布里茲涅夫（Brezhnev）掌控的蘇聯、南非支持種族隔離的政府，以及 1970 年代末期的奈及利亞和安哥拉。

但是 1990 年代時時移勢易。平克斯·格林和亞歷山大·海克爾辭職後，媒體無情撻伐公司的經營模式。最後在交易大幅虧損的情況下，瑞奇失去了高級經理人的支持。

第 38 章
嘉能可：走向光明的巨人

1993 年 11 月，馬克瑞奇公司 39 位最重要的員工在楚格的公園飯店會面，討論沒有瑞奇後，公司未來的走向。以威利・史卓瑟特（Willy Strothotte）為首，他們同意買下公司，隔年的 11 月，瑞奇慢慢出售他的股份給其他管理者和資深員工，總計約 200 人。由於公司是原油、金屬和礦物交易業界的龍頭，公司的價值估計約在 10 到 15 億美元之間。新的經營者將公司更名為嘉能可，公司成立 20 年後，馬克瑞奇的名字不復存在。

　　史卓瑟特接手嘉能可董事會主席的身分，也成為許威茲斯爾（Schweizerischer Südelektra）的老闆，該公司於 1999 年更名為超達，33% 的股份由嘉能可所持有。這兩間公司維持密切的關係。超達集中於大宗商品的生產，嘉能可則是行銷與交易原物料。超達於倫敦掛牌上市，提供投資人透明的資訊。

　　然而，嘉能可仍持續幕後營運。

　　嘉能可的公司結構成長達到瓶頸，非常需要新的資本，而公司必須在未來幾年內償還部分經理人的資金，使得情況惡化。公開發行新股募集的 120 億美元，幫助解決了公司的資金需求。2011 年 5 月 9 日，嘉能可於倫敦首次掛牌交易，股價 5.27 英鎊。

　　2012 年 2 月，公司宣佈與超達合併，在執行長艾文・格拉森柏格（Ivan Glasenberg）的帶領下於將近一年後完成合併。格拉森柏格從 2002 年開始就加入嘉能可，身價淨值約 50 億美元，成為瑞士十大富豪之一。

圖 37 嘉能可（英鎊便士）。**2011 年 5 月 19 日首次公開發行以來股價表現。**

527 英鎊便士

嘉能可

67 英鎊便士
（-87%）

資料來源：彭博，2019 年。

結果，嘉能可的管理階層在公司最高峰時就領取現金退出公司：公司股價再也沒達到開發行新股的價格。相反的，在一陣商品賣空後，公司股價於 2015 年 9 月 28 日重挫至 0.67 英鎊，比掛牌時價格重挫 87%。然而在 2019 年 1 月，嘉能可股價漲回到 3 英鎊，顯示公司掛牌上市後的營運模式有效。

精華摘要

● 商品交易公司嘉能可的歷史複雜，直到 1993 年以前，公

司都是由一個人所掌控,也就是綽號「石油大王」的馬克‧瑞奇。他在 1974 年於瑞士楚格所創辦的馬克瑞奇公司,就是嘉能可的前身。

● 瑞奇的私人財富超過 10 億美元,而成為最知名的商品交易商,他瓦解了有「七姐妹」之稱的石油企業聯合,並成為全球最大的獨立石油交易商。他的事業夥伴包括國際間最知名的流氓國家與獨裁者。

● 嘉能可和其他商品交易公司通常維持神祕,因為他們喜歡私下達成協議。然而自 1993 年開始就是 100% 由管理階層和員工所持有的嘉能可為了解決財務需求,於 2011 年 5 月首次公開發行新股,募集 120 億美元。隔年公司和超達合併,並成為礦業和商品交易界的龍頭。

● 2011 年 5 月,嘉能可股票於倫敦首次掛牌交易,股價為 5.27 英鎊。事後看來,當時是股價的最高峰;後來的大宗商品的熊市導致股價於 2015 年 9 月重挫至 0.67 英鎊。目前股價約在 3 英鎊。

第 39 章
稀土狂潮：釹、鏑和鑭
2011 年

中國緊縮稀土的供給，
美國、日本與歐洲的高科技業敲響警鐘。
但是中國的壟斷短期內無法被打破。
結果導致稀土價格大幅上漲吸引世界各地的投資人。

「中東有石油。中國有稀土。」

——鄧小平，1992 年

  2013 年時，地質學家唐諾・布巴爾（Don Bubar）以不到 50 萬美元的價格買下加拿大四千英畝的荒地，希望再過幾年這塊地方將價值數十億美元。布巴爾和他的公司亞瓦隆資源公司（Avalon Resources）打算開發稀土礦場，並於 2015 年開始生產。礦業再見淘金熱潮。全世界有將近 300 間公司在探勘稀土和其他異金屬，例如鋰（lithium）、銦（indium）或鎵（gallium）。投資人樂於對這些專案灑錢，因為稀土的供給有限而需求卻很高，導致價格飆升，每天都可以從新聞頭條看到相關消息。

  稀土已成為現代高科技產品不可或缺的成份，包括電腦、行動電話或平面螢幕，而且電動／油電混合車或是風力

稀土是什麼？

稀土包括 17 種金屬：鈧、釔，還有鑭系元素組中的鑭、鈰、鐠、釹、鉕、釤、銪、釓、鋱、鏑、鈥、鉺、銩、鐿和鎦。大部分含有稀土的沉積中，輕稀土（鈰、鑭、釹和鐠）的量較多，而重稀土（釔、銩和鏑）的含量較低。其中一種最被廣泛使用的金屬是釹，這是生產不會釋放磁性的永久磁鐵必備的元素。釹使用於行動電話和電腦、風機，以及電動／油電混合車。風力發電機每百萬瓦電力需要 600 到 1,000 公斤由釹鐵硼磁石合金製作而成的永

發電廠中必需使用稀土才能使用可再生能源。但這些金屬已成為稀土生產國中國和其他工業化國家的貿易衝突的核心，情況在過去幾年來更加惡化。

中國掌控全球稀土的市價，因為中國生產全球 97% 的稀土，年產量 12 萬公噸。而且中國的蘊藏量占全球的 40%，而其他蘊藏則在俄羅斯、美國、澳洲和印度。

類似於石油輸出國家組織於 1970 年代石油危機時的行動，中國操縱出口多年，而美國、日本和歐洲全都抱怨過中國的出口限制和高出口關稅。2005 年，出口約為每年 6 萬 5 千公噸，但是從此之後出口量已經銳減。結果稀土價格從 2005 到 2008 大幅上揚，而 2009 年第三季又有一次價格升勢。2011 年上半年，中國政府宣佈只出口 14,500 公噸，價格再度上揚。2011 年 5 月，一公斤釹成本將近 300 美元，相較於 12 個月前只有 40 美元。

久磁鐵。此外，每一部風機中都有好幾百公斤的釹和鏑。鑭也用於許多高科技中，例如豐田油電混合車 Prius 的引擎需要 1 公斤的釹，但電池則需要 15 公斤的鑭。德國聯邦地球科學與自然資源研究院（German Federal Institute for Geosciences and Natural Resources）預期稀土的需求將升至每年 20 萬公噸。以目前的價格來說，市場規模相當於 20 億美元。相較於其他金屬市場，例如銅的年產量為將近 2,000 萬公噸，市值約 1,400 億美元，稀土市場雖小卻是個有利可圖的區塊。

圖 38 稀土碳酸鹽、釹、鏑和鑭，2010 到 2013。中國在岸價格，人民幣，指標 30.12.2009=100。

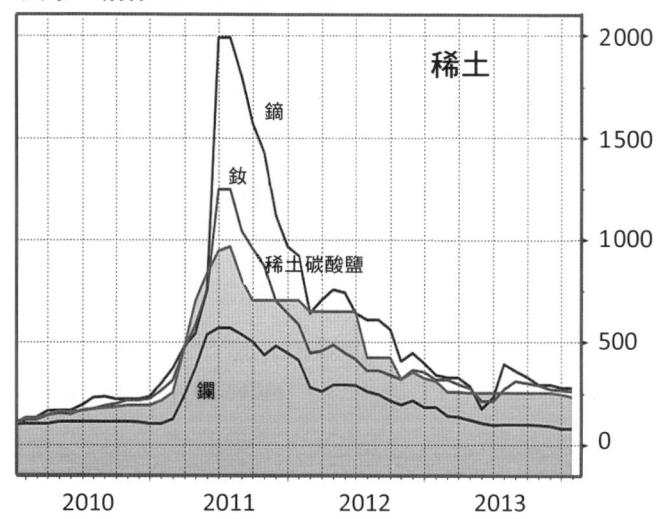

資料來源：彭博，2019 年。

中國也將稀土生產的優勢當成政治武器。當日本逮捕中國漁船的船長時，中國於 2010 年 9 月禁止出口稀土至日本。

過去 20 年來，工業化國家使自己對稀土產生經濟依賴。1960 年代中期，美國開始在加州的山隘礦場（Mountain Pass Mine）生產稀土。直到 1990 年代中期，光是這個礦場就提供全球對這些金屬的需求。在業界，這段期間被稱為「山隘時代」。

然而，由於環境限制和稀土金屬價格偏低，礦場於 2002 年關閉。自 1990 年代初期以來，中國因為能以更低廉的價格生產稀土而且不必擔心環保要求，而開始將稀土大量

推往全世界。

中國的主要生產來自內蒙古，距離人口百萬的包頭市只有幾公里之遙的白雲鄂博礦區，是全世界最大的露天礦區。

一般估計，高達 3,500 萬公噸的稀土出自白雲鄂博，比中國總生產量的一半還多。中國另一個供給量較大的區域是南部的省份，除了有正式的官方礦場外，還有許多小型的違法專案。生產稀土也要付出代價。處理稀土所產生的大量有毒殘餘會導致嚴重的釷、鈾、重金屬、酸和氟化物污染。因此，未經處理的下水道已將包頭 12 公里長的飲用水蓄水池變成了廢水池，充斥著化學物質和有輻射的釷。

中國的白雲鄂博是世界上最大的稀土礦場。

這麼嚴重的環境破壞其實很諷刺，因為稀土是乾淨能源產業不可或缺的項目，尤其是對風力發電和電動／油電混合車來說更是如此。西方國家自己造成的稀土匱乏，短期內沒有簡單的解決之道。獨立生產開發而不會造成環境污染，需要非常多資金。探勘和開發稀土礦床的麻煩比較小；雖然名稱中有「稀」，但其實稀土並沒有那麼少。即使是稀土中最稀少的一種金屬，其實總量比黃金還要多出 200 倍。

2011 年稀土價格飛漲，吸引全球各地的投資人、冒險者和小型礦業公司開始尋找稀土和其他異金屬，投資人想尋找有吸引力的稀土蘊藏來進行投資。然而大部分新的稀土蘊藏永遠不會被開採或甚至生產。

兩間最有前景的公司分別是莫里（Molycorp）和萊納斯（Lynas）。莫里於 2010 年首次公開發行新股，打算重啟山隘礦場，而萊納斯的目標則是於 2011 年在澳洲的威爾德山 (Mount Weld) 礦山開始生產。所有其他的開採專案都預期至少五年內進行開發。同時，募集大量的資本不容易，但缺少處理稀土的基礎建設卻是更大的問題。

稀土價格直線飆漲，吸引了許多的投資冒險者。

　　因為面對充滿挑戰的競爭和稀土價格下跌，莫里公司於 2015 年申請破產，後來重組成為新性能材料公司（Neo Performance Materials）。萊納斯則是成功開始生產稀土，並於 2012 年 11 月生產和進行第一次稀土選礦。到了今天，萊納斯在威爾德山經營一間開採和選礦廠，以及在馬來西亞關丹的一間精煉廠。然而，由於馬來西亞的精煉廠在 2018 年 9 月時因環保問題而被馬國政府審查，導致萊納斯股價重挫。
　　中國仍將是稀土資源的龍頭，這完美地符合中國總理李克強及其內閣於 2015 年 5 月頒布的「中國製造 2025」的策略性計畫。

精華摘要

- 17 種稀土金屬的名稱很特別,例如釹、鏑和鑭,已成為現代高科技應用不可或缺的元素,例如風力發電機和電子行動產品。
- 2011 年,中國緊縮稀土供給,利用該國稀土生產上的優勢做為政治武器。因為中國的產量產全球供給的九成,中國已能決定全球稀土市場的價格。
- 美國、日本和歐洲的高科技產業敲響警鐘,但是短期內不可能打斷中國對稀土的壟斷。結果,稀土價格大漲,2009 到 2011 年價格平均漲了 10 倍。需求量最大的釹和鏑的價格漲勢更強。價格飆升吸引全球對稀土礦床的投資。

第 40 章

結束？原油倒入排水口

2016 年

油市正在醞釀完美風暴。
經濟正在下滑，
而且因為正價差而導致許多原油被存放著。
2016 年 2 月，油價跌至 26 美元，
整個世界似乎漂浮在石油上。
但是破曉前的黑夜總是最黑暗的，
而原油和其他商品找到了多年低點。

「所有人冷靜。你,給我冷靜點。」
——賽斯・蓋科(Seth Gecko,電影《惡夜追殺令》(Dusk till Dawn)

「原油供給過剩的日子結束了。」
——尼克・康明翰(Nick Cunningham),油價資訊網站www.oilprice.com

世界各地的大規模紓困和中央銀行的非傳統貨幣政策,阻止了全球金融危機造成的世界末日。西德州中級原油從2008年6月的每桶150美元,跌到2009年春季時不到33美元。那年底時,原油價格已漲回到80美元,而2011到2014年間,原油的參考價約在100美元。

但是從事後看來,2014年夏季只是大規模風暴前的寧靜而已:西德州中級原油從將近110美元跌到26美元,跌幅達76%,甚至跌到比金融危機時還低的價位。(而且是2003年以來最低價格。)

原油不是唯一受害的商品。2016年一開始就很慘,因為中國股市重挫,全球許多其他股票指數跟著亞股一起跌。因為人口、經濟成長和中國採購的原物料量龐大,中國的需求對大宗商品來說非常重要。美元指數從100左右的高點大幅下跌,原物料價格進一步下挫。

金融危機期間的價格重挫,已導致原油的期間結構翻轉至正價差,也就是現貨價格低於未來交割日的價格。所以存

圖 39 原油（西德州中級原油）：回漲和熊市，2008 到 2016 年。

資料來源：彭博，2019 年。

放原油比賣出來得更合理，但是供給過剩已過現有的存放設施造成過大的負擔，導致後來使用超級油輪來存放原油。

到了 2015 年夏季，原油庫存仍在增加，而價格已經開始崩盤了。2016 年初，光是美國一個國家的存放量仍未自 80 年高點的 4.9 億桶減少，導致市場對未來感到悲觀。

國際能源總署（International Energy Agency，IEA）發現，原油市場可能「被供給過剩淹沒」，因為全球各地的存放量持續增加。能源署指出，2015 年全球的存放量已經增加 10 億桶原油，而存放量仍在持續上升中。即使是第四季股價下滑，庫存量仍在攀升。

拋售到反轉的價格水準

2016年2月初,兩個重要的商品市場參考指標,標準普爾高盛商品指數和彭博商品指數,出現兩位數的跌勢。投資人大受打擊,因為2015年的商品已經歷一場血戰。原油價格達到每桶26美元的低點,銅價每磅不到2美元,甚至黃金交易每盎司最低來到1,050美元。當時投資人還不太注意加密貨幣。舉例來說,比特幣在2015年表現不佳,每1美元不到200比特幣,然後情況在2016年開始翻轉。

超過20種大宗商品中,黃金是最先反轉的商品,價格開始攀升,很快就超過200日均線,這是強勁的牛市技術指標。

因為全球大量供給過剩,導致原油價格崩跌。油價跌至不到26美元。

有人提出嚴正的警告,全世界可能很快就會沒有地方可以存放原油,價格可能進一步下挫。油價跌至逾12年最低點,而紐約期貨的原油交割點存放量達到歷史高點。

2016年2月11日,當標準普爾500指數較前一年下跌12%,衡量全球乾貨運價的波羅的海散乾指數跌至歷史最低點290點。大宗商品市場的活動嘎然而止,彭博商品指數較一年前下挫30%。然而,2月11日是許多資產的最低點,

圖 40 2016 年商品價格表現。

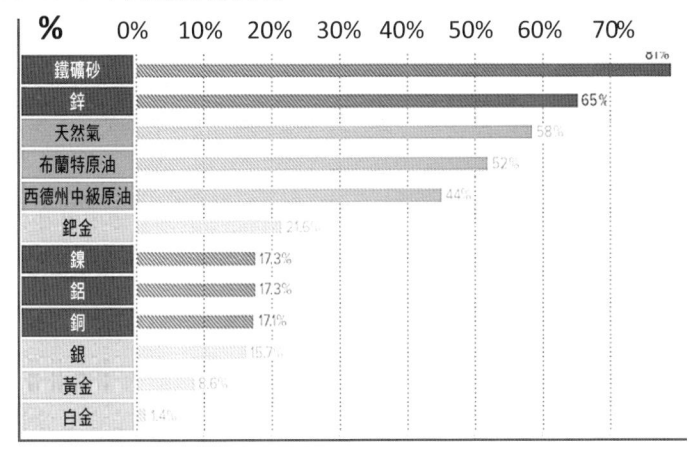

商品	漲幅
鐵礦砂	81%
鋅	65%
天然氣	58%
布蘭特原油	52%
西德州中級原油	44%
鈀金	21.6%
鎳	17.3%
鋁	17.3%
銅	17.1%
銀	15.7%
黃金	8.6%
白金	1.4%

資料來源：彭博，2019 年。

而隨後的數周到數月，市場開始出現改善。

石油輸出國家組織和俄羅斯同意聯合減產，以打擊供給過剩的問題。最後價格開始回升。

　　由於面臨供給過剩的問題，石油輸出國家組織和俄羅斯同意聯合減產。這是油國組織自 2008 年以來首次同意減產，當年夏季油價達到高峰後便開始下跌。此舉可能可以為全球油市帶來長期穩定性。不確定因素是美國的頁岩油生產增加，以及價格上升帶動裂解增加。有些人擔心，這可能會導致供給過剩的問題持續，並將油價進一步壓低。

　　但是也有證據顯示，大量的原物料庫存正在減少，需求

終於開始增加。人口趨勢持續讓人相信，人口增加會使得未來幾年的對商品的需求增加。古典經濟學理論與常識都顯示，需求增加，庫存就會減少，價格就會上升。

與此同時，以黃金為首的商品價格正在上漲。英國脫歐表決時，黃金價格漲至逾 1,380 美元，白銀也大漲至超過 21 美元。原油從 2 月略高於每桶 26 美元，到了 10 月初時漲破 50 美元。糖價從 2015 年 8 月的每磅 0.1 美元漲至 2016 年 9 月 29 日超過 0.24 美元。鐵礦砂、鋅、錫、鎳和鉛，全都在 2016 年時出現兩位數的漲勢。最樂觀的大宗商品市場指標，波羅的海乾貨指數從 2 月的 290 點，到 10 月漲至 915 點，漲幅高達 215%。

這顯示原物料價格已達到重要的底部。大宗商品這個資產類別創下驚人的漲勢，從 2016 年時的底點到年底時已漲逾 20%。西德州中級原油在這段期間漲了一倍，至每桶 55 美元。

原油價格從 2009 年的低點上漲逾一倍，大宗商品也開始反彈。

2017 年初開始減產幫助減少了一半的全球原油存放量，但是根據油國組織的資料，庫存仍高於五年平均，為 1.4 億桶。直到 2018 年 5 月，油國組織指出全球原油已不再供給過剩。

精華摘要

- 「超級正價格」導致大量的原油供給過剩,這段期間,奧克拉荷馬州庫欣市的西德州中級原油儲存設施達到最高存放量:全世界似乎原油泛濫,西德州中級原油從將近 110 美元跌到 2016 年 2 月時只剩下不到 26 美元,跌幅 76%,也是 2003 年以來原油最低價。
- 2016 年時,中國股市重挫,全球許多其他股票指數跟著下跌,帶著商品市場也跟著下挫。然而,2016 年春季時,大宗商品市場觸底,商品這種資產類別一整年都有亮眼的漲勢,漲幅超過 20%。西德州中級原油價格漲逾一倍至每桶超過 55 美元。
- 但是直到 2018 年 5 月,石油輸出國家組織才確認,全球供給過剩的情況已結束。

第 41 章

電動化：電池金屬革命

2017 年

伊隆．馬斯克（Elon Musk）
和特斯拉（Tesla）正在為一個龐大趨勢定調：
電動化！汽車製造商、公用事業公司和消費者的需求，
將鋰電池的使用推升至新高。
對大宗商品市場來說，不只是鋰和鈷，
就連傳統金屬例如銅和鎳的需求又忽然大增。
長期來說，電動化可能是大宗市場的「新中國」。

「特斯拉不會離開,會繼續為電動車革命奮鬥。」

——伊隆・馬斯克

2016年敲響了汽車業和石油業的警鐘。龐大的石油聯合,石油輸出國家組織(OPEC)大幅調整它對電動車的成長預期,上修500%。OPEC於2015年預估到了2040年為4千6百萬輛,現在的預估則為2億6千6百萬輛。

如果預估正確,到了2040年石油的需求可能每日減少八百萬桶,相當於美國現在每日的產量,或約為全球消費量的8%。(全世界每日消耗將近一億桶原油,其中75%與運輸業有關。)

伊隆・馬斯克與特斯拉

SpaceX、特斯拉和Neuralink的創辦人兼執行長伊隆・馬斯克,1971年生於南非普利托利亞。截至2018年2月,馬斯克的淨值超過200億美元,名列《富比士》全球富豪榜第53名。2016年12月時,他是《富比士》「全球最具影響力人士」第21名。馬斯克也是PayPal創辦人,公司於2002年10月被eBay以15億美元收購。

特斯拉總部位於加州帕洛奧托市,專營電動車生產、鋰離子電池能源儲存,以及透過旗下太陽城公司(SolarCity)製造太陽能板。特斯拉在內華達州雷諾市經營多個製造和組裝廠,而其主要車輛製造設備則

熱愛汽車的德國，2017 年的電動車數目僅占新車登記的 1.6%。然而彭博新能源金融（Bloomberg New Energy Finance）預估到了 2040 年，電動車占全球新車登記數量將高達 40%，是相當大的增幅！

根據國際能源機構的《2018 年全球電動車展望》的資料，現在中國占全球電動車市約一半。2017 年時，中國出售 57 萬 9 千輛電動車，較 2016 年高出了 72%。去年（2018 年），全球電動轎車超過 300 萬輛。

但比起更大的目標，這只是滄海一粟，因為根據商業監督國際（Business Monitor International，BMI Research），全

位於加州費里蒙市。雷諾市的超級工廠（Gigafactory）生產的電池與電池組提供特斯拉車輛和能源儲存產品。根據彭博的資料，過去 12 個月，特斯拉一直以每分鐘八千美元（約每小時五萬美元）的速度在燒錢。

2017 年時，特斯拉生產並銷售十萬輛汽車。這可能是一場革命的開端，但是到目前為止，電動車仍未能對產業造成衝擊。德國汽車製造商 BMW、賓士和奧迪銷售總計 660 萬輛汽車，對傳統汽車公司來說，他們才剛要開始追上電動車的腳步。德國的電動車新車登記達到 5 萬 5 千輛，其中有一半是插電式油電混合車，約占德國新車市場 340 萬輛的 1.6%。相較於全國使用中的 4,380 萬輛車，電動車的數量不過是九牛一毛。

圖 41 鈷價，2012 到 2018 年。

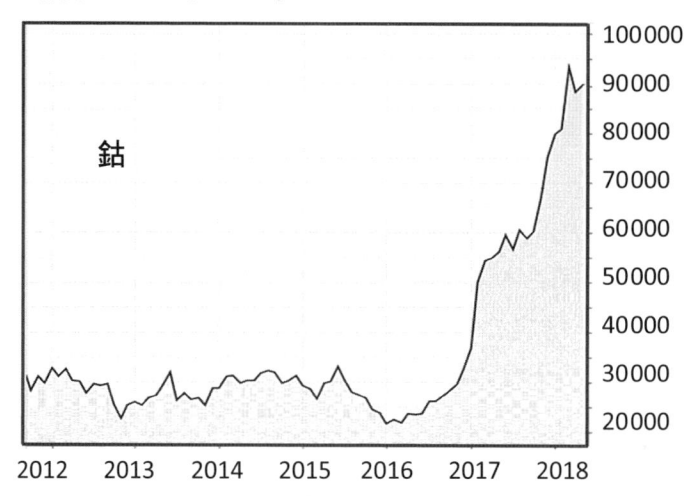

資料來源：彭博，2019 年。

球車隊預估約 12 億輛。而全球轎車銷售預估 2018 年時超過 8,100 萬輛車。中國和美國在生產和銷售方面都是全球最大的汽車市場。

因此，汽車製造商開始擴展業務至電動車都是為了將來。彭博新能源金融（BNEF）預估，到了 2040 年，新車登記的全球電動車滲透率將達到 35% 至 40%。

對大宗商品市場來說，這可能預示雪崩的開始，因為電動車需要其他原物料。舉例來說，投資銀行瑞士銀行（UBS）和彭博新能源金融預估到了 2040 年，對石墨、鎳、鋁、銅、錢、鈷和錳的需求將顯著增加。其他大宗商品如原油、鋼以及白金和鈀金則會受到負面衝擊。

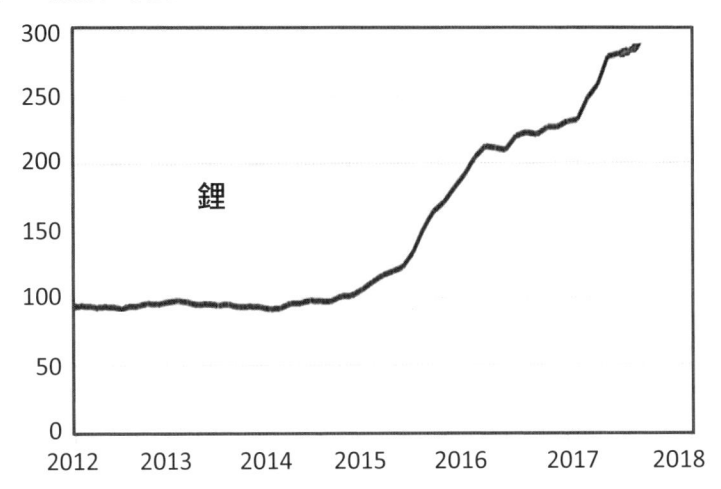

圖 42 指標鋰指數，2012 到 2018 年。

資料來源：指標礦業情報公司（Benchmark Mineral Intelligence），2019 年。

> 對大宗商品市場來說，電動化的大趨勢可能會是新的需求來源。

　　鈷和鋰是不同電池的重要成份，價格正在上揚。鋰電池在幾年前開始用於商業用途。現在我們已經在幾乎所有行動裝置中使用它：筆記型電腦、智慧型手機、電動工具和汽車。美國和中國都建造了超大型工廠，電池價格則因為規模經濟而下跌。結果觸發了新的應用方向。

　　特斯拉可能失去在電動車產業的領導者地位，但伊隆‧馬斯克啟動了電動化和能源使用的革命，這場革命對人類來說是好事，而大宗商品市場榮景則是附帶的好處。

第 41 章
電動化：電池金屬革命

汽車業的電動化是一大步,但這只是冰山的一角。儲存能源是不斷成長的代替能源生產(風能、太陽能和水力)缺少的環節。到了 2025 年,行動電源和電源牆——例如家庭去中心化的能源儲存設備——可能會超越銷售給汽車業的鋰電池的銷售額。這個市場大得多,而且能保證更大幅的成長!

精華摘要

- 電池生產廠如雨後春筍般大增,電池金屬諸如鋰和鈷的市場相當旺盛。鈷價在 2017 年從每噸 2 萬 5 千美元大漲四倍至 10 萬美元。
- 伊隆・馬斯克和特斯拉就在這場電動化大趨勢的前端。雖然現在電動車的銷售量仍非常小,但業界預估到了 2040 年,電動車將占全球新車登記約 40%。我們可能正在見證改革的開端。
- 電動車是第一步,但是能源儲存是風力、太陽能和水力等替代能源生產生產缺少的環節。
- 電動車和能源儲存兩者長期下來可能會是大宗市場的「新中國」,因為不只是鋰和鈷的需求正在攀升,還有傳統金屬,例如銅和鎳。

第 42 章

加密狂潮：
比特幣與加密貨幣的出現

2018 年

「比特幣」是第一個現代加密貨幣，誕生於 2009 年，此前一年，有人以中本聰（Satoshi Nakamoto）為假名發表白皮書解釋比特幣。比特幣的價值在 2017 年爆發，從不到 1 千美元升至 2 萬美元，吸引全世界的注意。價格如此驚人地躍升，隨後又在 2018 年重挫將近 80%，使比特幣成為有史以來最大的金融泡沫，令 17 世紀的荷蘭鬱金香熱也相形失色。儘管有泡沫而且破滅，但比特幣的未來仍十分看好，因為其基礎區塊鏈技術揭示了比特幣的潛力，並且開始改寫我們的日常生活。

「（比特幣／區塊鏈）是下一個重大資訊科技革命，而且即將展開。」
——史提夫・沃茲尼克（Steve "Woz" Wozniak），蘋果共同創辦人

「即使被許多人稱之為『泡沫』，還是要記住我們正身在全球採用加密貨幣的初期，同時也是這個科技發展的初期。」
——亞里・保羅（Ari Paul），《富比士》

打擊很快就降臨。2018年4月1日，加密貨幣科技公司山特拉科技（Centra Tech）的共同創辦人羅伯特・法卡斯（Robert Farkas）在美國被當局逮捕。半年前，2017年9月，知名拳擊手佛洛伊德・梅韋德（Floyd Mayweather）上傳照片，顯示他在比佛利山使用以加密貨幣支付的山特拉卡片花錢的愜意生活。

「法卡斯和山特拉科技」共同創辦人索拉布・夏瑪（Sohrab "Sam" Sharma）宣稱，公司提供經威士（Visa）和萬士達（MasterCard）認可的簽帳卡，可以讓人們將加密貨幣兌換為美元，可以購買日常生活用品。美國證券交易委員會（Securities and Exchange Commission）指出，山特拉和兩間信用卡公司都沒有關係。夏瑪和法卡斯捏造虛構的高層主管的管身份，並花錢請名人炫耀即將來臨的首次代幣發行（Initial Coin Offering）——這是一種未經管制的程序，公司

可以發行新的數位貨幣以換得真正的貨幣——而且保證能在社交媒體上快速致富。夏瑪和法卡斯從投資人身上詐騙約3,200萬美元。

山特拉科技只是2018年加密貨幣和首次代幣發行市場的其中一個詐騙案例，但遠低於其他首次代幣發行騙局，例如現代科技（Modern Tech）就騙取了6.6億美元。

現在仍是科技產業的早期階段，比起企業傳統的首次公開發行新股，首次代幣發行更受歡迎、更廣為人知。比起與風險資本公司無止盡地討論，首次代幣發行迅速成為更重要的專案募資來源。

然而，這也有黑暗的一面。迅速成長的市場總是會吸引詐騙和害群之馬。這就是遊戲的一部分。

比特幣誕生於2009年。現在共有超過兩千種替代貨幣。

對於一個不到十年的產業來說，2018年12月仍是一片混亂。比特幣於2008年11月在白皮書中發表，並且在2009年1月由某個以中本聰為假名的人首次發行成為開放原始碼軟體，一般認為比特幣是第一個去中心化的加密貨幣。比特幣的創造原本只是做為替代、去中心化的支付方式。此後已有超過兩千種替代幣被創造出來。就像在那之前十年開發點對點資料共享的耐普斯特（Napster）一樣，這個系統的運作並不透過中央銀行，這個點對點的網路讓使用者可以直接進行交易，而不需經由中間人。區塊鏈是加密貨

數位資產、加密貨幣和代幣

數位資產是任何以二進制存在並且可使用的東西,而「加密貨幣」一詞是指具有標準紙幣(法定貨幣)特性的硬幣。這些特性包括價值儲存的功能、記帳單位的功能,以及交易的媒介。例如比特幣、以太坊(ethereum)的以太幣和瑞波(ripple)的 XRP。以太坊和瑞波是指背後的區塊鏈,而非其加密貨幣。加密代幣類似於加密貨幣,都是以區塊鏈為基礎。

加密貨幣是最常見的代幣形式,但加密代幣是區塊鏈價值更廣泛的表示方式。價值的表示方式有很多——從加密貨幣到忠誠點數,甚至是以區塊鏈為基礎的資產。

舉例來說,以太坊(Ethereum)就是許多代幣背後的區塊鏈,這些代幣利用它的平台來開發服務和產品。加密貨幣和加密代幣之間的差異,在投資方面就變得很重要。舉例來說,加密貨幣的估值是衍生自該幣成功符合金錢的特性。另一方面,加密代幣的估值則是視不同的因素而定,例如協議的採用以及穩健性。

幣背後的技術,而且迅速成為點對點交易大量創新的平台。

區塊鏈是經由加密保護的分散式帳戶,負責保護你或任何人,讓你們剛買入的比特幣不會被複製。事實上,你能想到的任何東西都可以用區塊鏈加以管理——從追蹤土地和不動產所有權,到我們配送藥物和授予證照和學位證書,全部都可以。有些想法很高明,有些則很離譜。

加密貨幣最初的設計是要提供一個去中心化、傳統法定貨幣的替代品。即使在 2017 年 12 月估值最高時，比特幣—加上所有其他加密貨幣被創造十年後的總值——只是實體美元、歐元、英鎊或日圓價值的一點點。以量來說，比特幣仍是規模最大的加密貨幣，接著是以太幣、瑞波幣和達世幣（dash）。2018 年時，500 種規模最大的加密貨幣總市值為五億美元，而比特幣就占了三分之二。相較之下，在外流通的實體美元鈔票價值為 1.5 兆美元，而這只是美元總供給量的一小部份而已。規模第二大的是實體黃金，流通價值預計約為 8 兆美元，而且這還沒有計算整個貨幣市場。所有的法定貨幣總額價值高達 83 兆美元，這個數字包含所有在外流通的實體貨幣，以及電子貨幣，也就是虛擬貨幣。

另一個重要的因素是持有的集中性。約 40% 的比特幣是由大約 1,000 人所持有。根據加密避險基金泰特拉斯資本（Tetras Capital）的共同創辦人亞歷斯·山納柏格（Alex Sunnarborg），前 100 大比特幣位址控制了 17.3% 的所有發行貨幣。這很重要，因為加密貨幣設計規定最多只有 2100 萬枚比特幣。比特幣是透過「挖礦」的方式增加，這個流程的交易經過驗證然後加入公開的帳本中。目前每十分鐘就增加一個比特幣。至於以太幣，前 100 大位址控制 40% 的供給量，而較小的貨幣主要持有者控制超過 90% 的量，因為其中許多人是經營這些專案的團隊成員。

比特幣不只是數位貨幣。

Mt. Gox 交易所劫案

由傑德‧麥卡勒柏（Jed McCaleb）於 2010 年成立交易所 Mt. Gox（麥卡勒柏稍後還創立了瑞波幣〔Ripple〕），到了 2013 年 Mt. Gox 成了全球最大比特幣交易所。位於日本東京澀谷區的 Mt. Gox 交易所，此時處理超過 70% 的全球所有比特幣交易。2011 年 6 月，馬克‧卡培雷斯（Mark Karpelès）收購 Mt. Gox，公司第一次被駭客攻擊，兩千枚比特幣遭竊。後來導致一些安全措施，包括安排將大量的比特幣離線並儲放在「冷錢包」中。因為美國國土安全部調查公司的執照，美國政府自 Mt. Gox 公司查扣了 500 萬美元，導致該公司不得不宣佈暫停美元提款。但這不是最大的問題。其實 Mt. Gox 兩年多來深受駭客入侵所苦。

（譯注：冷錢包〔cold storage〕是離線錢包，平常不會連接上網，只有在交易的時候才會連接網路。加密貨幣的持有者要使用「私鑰〔private key〕」才能開啟錢包。通常使用者會把私鑰寫在紙張上，但若是遺

最初向大眾解釋時，比特幣被稱為一種數位貨幣的形式，而後續的競爭者例如萊特幣和以太幣也是如此。每一種加密貨幣在某些方面都像傳統的貨幣：它們都是抽象的經濟價值，而且可以交易。但是，這些加密貨幣都不具備法定貨幣最基本的角色，也就是相對穩定的交換媒介。此外，加密貨幣還涉及太多的爭議，例如每次交易所花的時間太長、消

失了這張紙條,比特幣就再也找不回來了。2021 年 1 月有新聞報導指出有人遺失記載私鑰的紙條,而錯失數十億美元的財富。)

2014 年 2 月時,Mt. Gox 暫停交易、關閉網站和匯兌服務、在日本和美國申請破產保護,不久後便開始清算程序。這個加密貨幣交易所宣佈,大約 85 萬枚客戶及該公司擁有的比特幣遺失(截至 2019 年 5 月為止價值約 42 億美元)。雖然最後找回 20 萬枚比特幣,剩下的 65 萬枚從來沒被找到。

執行長馬克・卡培雷斯於 2015 年 8 月在日本被捕,並以詐欺和挪用客戶資金和竄改 Mt. Gox 電腦系統以增加一個帳戶餘額的罪名被起訴。美國當局追查錢的流向,亞歷山大・文尼克(Alexander Vinnik)於 2017 年 7 月在希臘被捕,並以利用竊取自 Mt. Gox 的比特幣洗錢的罪名被起訴。據稱文尼克和知名的比特幣交易所 BTC-e 合作,調查時該交易所亦被美國聯邦調查局搜查。BTC-e 的網站被關閉,網域被調查局查扣。但是目前為止都沒有找到資金。

耗太多能源,以及風險太多。

比特幣最大的問題浮出水面是因為買進和持有的機制太難以捉摸,所以幾乎人人都要付費交由第三方來處理。錢包服務中間人成了整個制度的缺陷。這些服務會被駭客攻擊、系統會當機、被政府和監管機構要求提供交易報告,但使用者原先以為交易會是匿名進行的。

比特幣的合理價格是多少？是 1 美元，還是 10 萬美元？有些財務分析師強調，比特幣完全沒有內在價值，有些經濟學家則利用費雪方程式（Fisher equation），按照比特幣的總數、交易速度和交易量，將比特幣目前的價值訂在 20 到 25 美元。但重要的是，這個方程式並非現狀，而是這個技術和應用的未來潛力才是比特幣的價值所在。但是看不出來區塊鏈技術應用的限制。

2010 年 5 月，拉斯洛・漢尼奇在佛羅里達州傑克森維爾市，用一萬枚比特幣交換兩個披薩，完成了第一筆比特幣的實物交易。

　　2017 年時，比特幣因為價格波動十分劇烈，而在主流金融圈成為熱門的話題。我們來看看它的過去：在《龍與地下城》或《魔獸世界》中，比特幣的價格原本只有幾美分和幾美元。但到了 2010 年 5 月 22 日時，工程師拉斯洛・漢尼奇（Laszlo Hanyecz）在佛羅里達州傑克森維爾市，用一萬枚比特幣交換兩個披薩，完成了第一筆比特幣的實物交易，而當時一比特幣的價值約為 0.003 美元。一年後，2011 年的春季，比特幣就已經和美元以一比一平價交易了。再過了六年，2017 年 12 月 17 日，比特幣的價值首次超越 2 萬美元。

2010 年 5 月時，比特幣交易價格為 0.003 美元，到了 2017 年 12 月時已超過 2 萬美元。

同樣在 2017 年 12 月，芝加哥商品交易所引進並掛牌比特幣期貨合約，啟動了這個熱門的投機泡沫。比特幣被商品化，並且向新的投資人和主流圈開放，不再限於電子錢包的小眾市場。在此之前，比特幣和其他加密貨幣的交易僅限於特殊的交易所，例如 Bitfinex、Kraken 或 OKCoin，在這些交易所中必須以美元或歐元來購買比特幣並存入你的電子皮夾中，但比特幣可以交換成任何其他加密貨幣。比特幣從其高點，在兩周內重挫跌破 6,000 美元。

　　2018 年 12 月，比特幣跌破 3,500 美元至 13 個月低點，然後才止跌回穩。這次重挫引發競爭代幣以太、萊特幣和 XRP 幣的賣壓。經過幾個月的穩定期，價格約在 6,000 到 6,500 美元，比特幣和其他加密貨幣從 2017 年 12 月的高點蒸發了 7,000 億美元市值。

　　市場對法規的憂心也是原因之一，美國證券與交易委員會宣佈對兩間沒有登記首次代幣發行的公司開罰。而且，美國司法部當時正在調查前一年的大漲是否被市場操縱所推升。

　　諾貝爾經濟學獎得主羅柏・席勒（Robert Shiller）在他的著作《非理性繁榮》中提到，如果你身在泡沫中，就不可能看到泡沫和預估它何時會破滅。只有事後才會發現。但是，從 2011 年前不到 1 美元開始飆漲，到了 2017 年 12 月重挫將近 80%，正式的結論已經確定了：比特幣狂潮是史上最大的金融泡沫！17 世紀的鬱金香熱原本令史上其他金融市場泡沫為之遜色，但相較於比特幣狂潮，鬱金香熱也相形

圖 43　2017 年時，比特幣價格超越 1,000、5,000、10,000，最終突破 20,000 美元，到了 2021 年，價格更曾突破 60,000 美元。

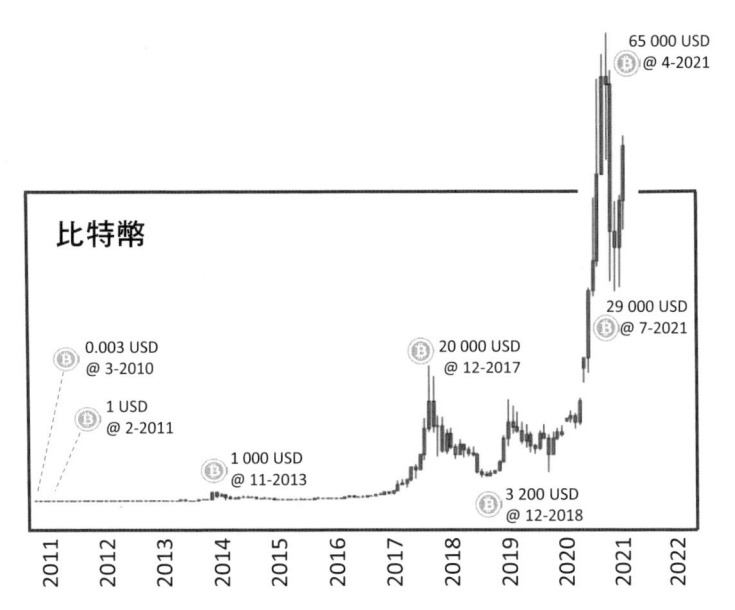

資料來源：彭博，2021 年。

失色。

投資人也許會感到安慰，因為重挫 80% 在加密貨幣圈並不罕見。過去五年來，比特幣的價值腰斬過三次，重挫逾 25% 多達 16 次，卻在 2018 年漲到新高。回想一下⋯你花了多少年才補回網路泡沫造成的損失？以納斯達克指數來計算，平均需要 15 年！過去在加密貨幣圈，損失回補的速度快得多。

2013 年是比特幣動盪的一年。而 Mt. Gox 劫案差一點導致加密貨幣的終結。

若以百比分來說，2013 年比特幣的跌幅幾乎相當於 2018 年的跌幅。價格從幾美元一路升到超過 1,200 美元，然後重挫。2013 年 4 月，比特幣價格一夜之間從 230 美元跌到 67 美元，短短 12 小時即大跌 70%。花了七個月價格才回升。4 月之後，比特幣價格在 100 到 120 美元附近徘徊，直到同年 11 月，價格忽然飆升至 1,200 美元。但是 12 月時價格卻又跌掉將近一半。

2013 年 12 月崩盤後又發生 Mt. Gox 交易所的醜聞，使得價格回升的路更漫長。比特幣從 1 月到 2 月穩定上揚，然後因為 Mt. Gox 劫案，價格又從 880 美元下挫近 50%，跌破 500 美元。

2013 到 2014 年間價格不穩定的波動產生的其中一個結果，就是加密貨幣交易圈的流行語，這是一種由熱愛加密貨幣的人所發展出來的特別用語。其中「HODL」可能是幣圈最為熟知的。在 2013 年價格大跌時，有個暱稱叫做「GameKyuubi」的人，顯然是喝醉後在比特幣的論壇中寫下「I AM HODLING」（我仍持有），但是他把 holding 拼錯而寫成 hodling。這位使用者在貼文中想表達的是，就算價格大跌，他仍選擇持有比特幣。這則貼文被瘋傳，而 #HODL 後來被解讀成「Hold On for Dear Life」（死也不放），對應的是每一位長期投資人都認同的「買進並持有」

圖 44 比特幣歷史價格修正，2013 年至 2017 年。

從高點到低點的跌幅：
- 4/26/2013: -70%
- 5/3/2013: -36%
- 7/6/2013: -46%
- 12/7/2013: -40%
- 12/18/2013: -47%
- 2/25/2014: -36%
- 5/6/2014: -44%
- 10/5/2014: -52%
- 1/14/2015: -60%
- 4/14/2015: -33%
- 8/24/2015: -26%
- 11/11/2015: -24%
- 1/15/2016: -22%
- 8/2/2016: -28%
- 1/11/2017: -25%
- 3/24/2017: -28%
- 7/16/2017: -36%
- 9/14/2017: -35%

■ 比特幣價格修正超過 20%

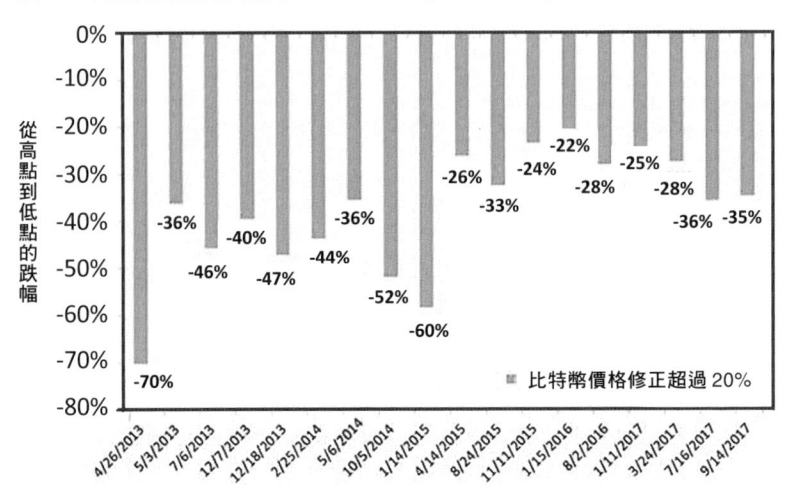

資料來源：Coindesk.com

的投資策略。

#HODL。即「死也不放」。

現今的加密貨幣用語非常多樣化，許多新詞和術語和傳統字面上的意思相去甚遠。有些縮寫字組成的用語，例如「mooning」（登月）、「fudding」（恐懼、不確定、懷疑）、ADDY（加密錢包位址）、JOMO（錯過的喜悅）、BTFD（低價抄底）、DYOR（自己做研究），其他用語還有很多。但是 HODL 是最多人使用的用語，幾乎所有加密貨幣投資人都能認同。

反洗錢措施以及中國禁止使用加密貨幣與首次代幣發行，都拖累比特幣 2018 年的表現。

我們要如何理解比特幣超越一般的飆漲和破滅？比特幣的成立原本是為了重新分配價值，以及將錢從銀行和其他金融機構轉給人們。任何人都能成為銀行、付款服務或放款者。但是比特幣和其他加密貨幣同時也成了洗錢和資本外逃的漏洞。由於法規管制程度很低，可疑的經濟活動也開始使用加密貨幣。2017 年，自動化資訊交易的實施導致最後一刻的恐慌，因為這是針對自動化資訊交易的全球化的標準，目標是打擊逃稅者。新的系統提供非居民金融帳戶資訊，與帳戶持有者居住國的稅務當局資料交換。2017 年 9 月時首次進行這樣的資料交換，但是一百多個司法單位中大部分，直到 2018 年 1 月 1 日才建置這個系統。

資本外逃的問題同樣也令中國政府擔憂。透過購買比特幣，中國人得以將資金轉至國外。2017 年 9 月時，人民幣轉比特幣的交易占所有比特幣交易超過 90%。中國政府禁止將法定貨幣用來購買加密貨幣，甚至對中國最大的兩個加密貨幣交易所火幣和 OKCoin 的高層祭出旅行禁令。中國監管當局也禁止首次代幣發行，並最終於 2017 年將 ICO 定為違法行為。火幣被迫將營運遷至新加坡，而 OKCoin 則改名為 OKEx，並轉移至馬爾他。許多中國人只是將比特幣轉移到現在變成境外的交易所，然後繼續交易，直到 2018 年 2 月。

中國人民銀行在 2 月時發出聲明，「將禁止所有國內與

> **2018 年前五大加密貨幣富豪**
>
> 1. 克里斯・拉森（Chris Larsen），61 歲，瑞波共同創辦人，現持有 52 億 XRP 幣，這款代幣是由瑞波所發行，現值約為 80 億美元。
> 2. 約瑟夫・路賓（Joseph Lubin），57 歲，以太坊共同創辦人，估計財富約 10 到 50 億美元。
> 3. 趙長鵬，44 歲，全球最大加密貨幣交易所幣安（Binance）的創辦人兼執行長，估計財富約為 10 至 20 億美元。
> 4. 卡麥隆和泰勒・溫克勒沃斯（Cameron and Tyler Winklevoss），40 歲，是比特幣的早期投資人，也是 2015 年雙子交易所的創辦人，估計其財富約約 9 至 11 億美元。
> 5. 馬修・梅隆（Matthew Mellon），卒於 2018 年，54 歲，瑞波幣 XRP 的早期投資人，預估財富為 9 至 10 億美元。
>
> 資料來源：Business Insider，2018 年。

國外加密貨幣交易所與首次代幣發行網站」，基本上就是關閉了中國境內所有的加密貨幣活動。而且當局不是說一說嚇唬人而已：2018 年 4 月時，警方掃蕩位於天津一個大型比特幣挖礦行動，並查扣了 600 部電腦。

對比特幣和區塊鏈來說，2018 年就像網路在 1992 年時，也就是剛開始的時候。還需要十年的時間才能瞭解加密貨幣完

整的潛力。

中國政府成功實施更嚴格的資本管制，限制比特幣交易和首次代幣發行，用強大的防火牆防止中國人受到不良的影響。但中國政府無法逆轉區塊鏈技術及其應用。

蘋果共同創辦人史蒂夫・沃茲尼克於 2018 年時表示，區塊鏈和加密貨幣在十年內會達到完整的潛力，而根據推特的執行長傑克・多爾西（Jack Dorsey）的說法，比特幣將成為世界的「單一貨幣」。從 2014 年到 2017 年，摩根大通執行長傑米・戴蒙（Jamie Dimon）有關比特幣的觀點經常被人引述：「比特幣是場騙局」，還有「比特幣不會活多久」以及「比特幣沒有什麼發展」。到了 2018 年，傑米・戴蒙後悔曾說比特幣是一場騙局，但他仍看空比特幣。此外，那一年稍早時，由於客戶的要求如排山倒海，摩根大通最大的競爭對手高盛銀行宣佈成立加密貨幣交易櫃檯。

至於像區塊鏈這樣分散式帳本技術，今日的情況就如同網路在 1992 年時，潛力無窮但學習曲線陡峭而且漫無章法。每一種成功的新技術都會經歷一段爆發式的成長，我們會試著將這項技術應用於所有東西，直到時間揭曉最佳的應用與限制。1990 年代末期投資於網路公司股票就像坐雲霄飛車，領域裡的許多先驅最後都失敗了。網際網路真正的影響力過了數十年才展現，但是電子商務和社會的未來卻已經永遠改變了。

隨著時間過去，區塊鏈技術的影響具有同樣大的潛力。

第 42 章
加密狂潮：比特幣與加密貨幣的出現

正如網路公司泡沫一樣，在這波加密貨幣狂潮中只押注任何一種貨幣，就像在玩輪盤時只押注紅 27 一樣。現在還太早而且結果太不確定，無法確認誰可能會是贏家。

但是，由於我們現正經歷的數位革命，經濟格局將出現劇烈的轉變。而且雖然加密貨幣交易初期會有的不成熟以及不理性的繁榮，但加密代幣和區塊鏈技術已經開始改革我們的世界了。舉幾個例子來說，在不動產、物業資產、銀行和金融服務，以及醫療產業中的應用是無窮盡的，而且能相提並論的只有網路的發展或智慧型手機應用程式興起。我們可能正在見證代幣化和以貨幣為主的經濟的初期。未來看來很光明。

精華摘要

- 比特幣於 2009 年推出，是一種使用區塊鏈技術的去中心化替代性支付方式。現在有超過 2,000 種「競爭幣（altcoins）」。
- 超過十年來，比特幣的價格從 2010 年的 0.003 美元升至 2011 年的 1 美元，再到 2017 年的超過 1,000 美元。2017 年時超過 20,000 美元，但是在幾周內就重挫將近 80%，2018 年 12 月時跌到 3,500 美元。
- 驚人的漲跌使得比特幣成為史上最大金融泡沫，更甚於 1637 年的荷蘭鬱金香熱。

- 2017 到 2018 年的漲跌被認為和中國官方禁止加密貨幣和首次代幣發行，以及反洗錢措施有關，例如 100 多個國家實施自動化金融資訊交換。新的破壞性技術初期經常會吸引害群之馬和詐欺，許多首次代幣發行結果的確是一場騙局。
- 比特幣和區塊鏈應用，現在仍在初期階段，若要揭露其真正的潛力，仍需要十年的時間。但是從現在的觀點來看，應用的方向似乎無窮盡。

展望：新循環與新時代伊始

我們正在 2020 年代之初，商品與加密貨幣市場正在新的漲勢階段初期。2016 年初，商品投資人回顧過去五年痛苦的熊市。2015 年時，衡量包括原油、黃金、銅、小麥和玉米等 22 種商品走勢的彭博商品指數，全年價值下跌 25%。後來還更糟：2016 年 1 月，商品市場再度下滑 7%。

這是彭博商品指數於 1991 年成立以來最低交易水準。自 2014 年春季以來，投資人已損失將近一半投資的資金。黃金與白銀類的礦業公司受創尤其慘重。追蹤全球最大的黃金和白銀礦場的那斯達克金蟲指數（Arca Gold BUGS Index）與費城金銀指數（Philadelphia Gold and Silver Index），交易追平 2000 年初期的水準，1 金衡盎司只有 260 美元。

從 2011 年夏季到 2016 年初，投資人有八成的資金蒸發，而同時期黃金從超過 1,900 美元跌到 1,050 美元（跌幅 45%）。礦業整體而言受創慘重。MSCI 世界金屬與礦業指數的企業市值，從 2008 年商品超級循環的高峰估值重挫了逾八成。全球最大礦業與商品交易商交嘉能可，2015 年 9 月底股價重挫至 0.67 英鎊。投資人從 2011 年的最高價虧損了超過八成的資金。相較於 2011 年 5 月首次公開發行時的價格 5.27 英鎊，投資人虧損將近 90%！

市場過度反應導致礦業公司的信用違約交換合約飆升。

舉例來說，嘉能可2019年到期、殖利率2.5%的公司債，價格在短短三個月內重挫25%，跌到只剩下0.75美元，提供投資人的到期殖利率為每年17%。同樣的情況也發生在其他公司上，例如費里波麥墨藍（Freeport-McMoRan）、泰克資源（Teck Resources）、第一量子（First Quantum）或連汀礦業（Lundin Mining）全都是大型礦業公司。投資人預期整個產業破產。

現在回想起來，2016年初時我們見證的是價格的低點。但是大膽的投資人在復甦初期大賺了一筆。相較於2016年1月，金礦價值在半年內大漲三倍，而黃金價格只漲了30%。嘉能可股價漲到3英鎊，從幾個月前的低點翻漲了四倍。

商品市場崩盤、礦業價值蒸發時，全球股市和債市則是大肆慶祝。摩根士丹利資本國際全球指數（MSCI World）在2008到2009年金融危機崩盤重挫近60%後，開始穩定上漲。美國道瓊工業指數（Dow Jones）和標準普爾500指數（S&P 500）在2016年時都在史上最低，並一路上漲至2018年1月。同時，十年期美國公債殖利率跌至1.5%以下，而歐洲、德國十年期公債殖利率跌至負值。債券投資人每天醒來都相信好日子會一直下去。

若比較標普高盛商品指數和標普500指數，以觀察股票與商品之間長期的關係就會發現一個驚人的事實：相對估值很極端。自從中國帶動的商品超級循環泡沫破滅後，商品的表現一直不如股市。類似於15年前的科技股泡沫，字母公

圖 45 商品市場 50 年來的興與衰。這是 2016 年新的多頭循環的開始嗎？

資料來源：彭博，2019 年。

司（Alphabet，Google 的母公司）現在的價值相當於 MSCI 世界金屬與礦業指數（追蹤超過 180 間公司，包括礦業巨擘必和必拓集團、力拓、嘉能可、瓦爾、貝里克黃金和紐曼礦業）所有公司的市值總合！有一個問題必須提出來：怎樣算便宜，怎樣算貴？

因此，在經過五年嚴峻的熊市後，商品市場在 2016 年上漲了 15%，大部分的投資人都沒有注意到，這並不令人意外。諸如彭博商品指數、標普高盛商品指數和羅傑斯國際商品指數等商品市場指標，從一年低點大漲超過 25%，超越股票指數的表現。此外，金屬和礦業以及石油和天然氣領漲美國和歐洲的股票指數，但是基金經理人調查卻顯示，投資人

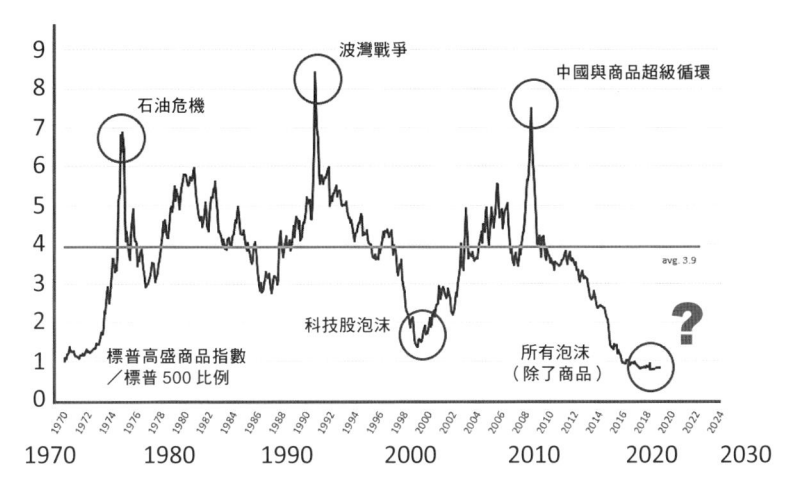

圖 46 商品的相對估值 VS. 股票。買商品！

```
9
8                    波灣戰爭
7        石油危機                    中國與商品超級循環
6
5
4                                                    avg. 3.9
3                科技股泡沫
2     標普高盛商品指數
1     ／標普 500 比例          所有泡沫            ?
0                          （除了商品）
   1970    1980    1990    2000    2010    2020    2030
```

資料來源：彭博，2019 年。

在天然資源商品股票的持股仍嚴重不足。

除了最近幾年，投資人認為好幾個商品市場仍供給過剩。但就商品超級循環榮景之後的供需失衡而言，最糟的情況已經過去。企業大幅削減礦業以及石油和天然氣的投資，將在 2020 到 2030 年時面臨痛苦的結果，屆時天然資源的耗盡而且探勘和開發減少。商品的基本面市場資料正在開始改善，商品價格達到技術底部。200 日均線移動到 2016 年 4 月之上，是商品市場熊市的第一個好跡象。

結論是，2016 年可能是商品投資人新的周期、多年漲勢的開端，這也反應了全球礦業的展望健全。未來幾年新的趨勢，例如電動化、行動交通所需的電池金屬，以及數位化

的大趨勢，包括加密貨幣，都將成為促進生產力、成長和商品市場的重要推手。電動車輛雖然不需要汽油或柴油，但是對黃金、銅、鎳、鈷、鋰和稀土的需求卻在大幅增加。

如果真是如此，那麼我們就是見證了新的周期之始，這個周期相當於近 20 年前的中國經濟復甦。現在也是區塊鏈和比特幣更成熟階段的初期，因為初期的過度活動已經結束了，現正邁向未來的應用方向前進。

尾聲

「商品和股市通常呈反向走勢。」
——吉姆・羅傑斯（Jim Rogers），商品專家和「量子基金」共同創辦人

　　我們回到 2001 年。原油價格每桶為 26 美元。這一年，每公噸銅價從 1,800 美元跌至不到 1,400 美元。黃金價格約在每金衡盎司 255 到 293 美元之間，是現代首次嘗試漲破 300 美元。

　　小麥和玉米價格平均約在每英斗 2.70 到 2.08 美元。針對美國世貿中心和五角大廈的九一一恐怖攻擊造成三千人遇害，是 2001 年最震撼的事件。雖然蓋達組織，奧薩馬賓拉登已於 2011 年被美國精英部隊任務擊斃，20 年後的現在，打擊恐怖主義的戰爭仍然沒有結束。但是，至少對付伊斯蘭國的勝利指日可待。在白宮，民主黨的比爾・柯林頓被共和黨的喬治・布希所取代；15 年後，共和黨的唐諾・川普從民主黨的巴拉克・歐巴馬手中接下總統一職。有人嘲諷說，911 已被 119 所取代，11 月 9 日是川普宣佈當選的日子。

　　2001 年，大宗商品才剛成為專業人士認同且可投資的資產類別不久。衡量商品市場表現的彭博商品指數（Bloomberg Commodity Index）才剛於 1998 年推出，道瓊美國國際集團商品指數（Dow Jones AIG Commodity

Index）也是。除了傳統投資於股票和債券外，因為耶魯和哈佛大學的捐贈基金的投資策略，使得另類投資（alternative investment）蔚為時尚。

2005 年，蓋瑞・葛登（Gary Gorton）和 K. 吉爾特・魯溫沃斯特（K. Geert Rouwenhorst）發表的《商品期貨的真相與幻想》，也有助於確立商品成為全球資產類別重要的一環。

2001 年底時，中國加入世界貿易組織（World Trade Organization，WTO），顯示中國經濟開始快速成長，並導致全球商品市場大規模的動盪。幾年內，中國已發展成全球商品需求的主導因素，商品的超級循環就此誕生。

原油價格達到每桶 147 美元，銅價每公噸超過 1 萬美元，黃金每金衡盎司超過 1,900 美元，小麥和玉米分別飆漲至每英斗 9.5 和 8.4 美元。但是在瘋狂的飆漲之後，全球金融與經濟危機造成的餘波導致多年緩慢的成長。2008 年對全球資本市場來說是多事之秋，股市和商品市場重挫逾 50%。經過一段去槓桿化和遲緩的經濟成長後，隨之而來的是無法持續下去的經濟復甦。因此商品市價面臨著五年的嚴峻熊市。

本書英文版於 2019 年付梓，見證了新的商品牛市起點，以及加密貨幣市場的成熟期。

商品超級循環的熱潮已經結束，投資的資產在過了多年後又開始上漲，而商品市場的績效超越股市。2016 年春季時，油價測試每桶 26 美元的低點，但後來已經漲了近三倍。

銅價每公噸超過 6,000 美元。黃金漲破每金衡盎司 1,300 美元。農產品方面，小麥和玉米價格每英斗平均 4.8 到 3.6 美元。

從技術面來說，2016 年已完成打底，商品突破 200 日均線，並於 2017 年出現牛市的圖型。儘管如此，即使在 2019 年初大部分的商品仍低於中長期的平均價格，比特幣正在打底的階段。

事後看來，2016 年證明是商品的**轉捩點**，基本面開始改善、價格復甦，新的市場周期很明顯。

本書共 42 章，一方面顯示商品市場炒作並非這十年發明的概念。另一方面，1980 和 1990 年代，投資人不再注意商品市場，相較之下 1970 年代商品價格也出現極佳的漲勢。本書介紹的許多事件，從 17 世紀的荷蘭鬱金香熱到 21 世紀的比特幣驚人的漲跌，在在顯示了供需嚴重的暫時性失衡會影響個別商品的市場。

真正的經濟後果不容小覷，因為不同於股票、債券或貨幣，商品是真正的資產。非洲因為食品價格偏高造成政治動盪和腐敗的政府，最後導致阿拉伯之春，或是因為油價偏低而導致委內瑞拉與巴西目前的局勢不穩，這些只是其中的兩個例子。

鬱金香和比特幣雖然相隔了 400 年，但兩者的關聯是史上最大和第二大的兩個泡沫。與此同時，市場和事件造成了商品界 40 件驚人的故事。時間的巨輪仍在轉動，而且因為商品市場周期性的本質，極端事件注定會一再發生，即使規

模較緩和也一樣會發生。每一個市場都受到極端貪婪和恐懼所影響；而資本市場從來就不會記得這麼久以前的事。

　　本書介紹的案例突顯商品與加密市場的興衰。除了極端的價格波動，本書的目標在於呈現內部人如何看待影響個人命運的炒作、獲利與虧損。將數百年來商品市場發生的事件連結起來，能顯示過去事件類似之處，並能為我們準備好面對未來的發展，包括區塊鏈和比特幣在內。

致謝

本書內容是根據研究以及我在從 2003 年到現在職業生涯的親身經歷。

我要感謝在德意志銀行時的克勞斯・馬提尼（Klaus Martini）的帶領與激厲，以及告訴我 Bre-X 的故事。尤申，感謝你，不只是你寫的前言，還有你對商品市場（以及義大利葡萄酒）的熱情。湯瑪士，在慕尼黑相遇真是幸運的巧合：你連結起貴金屬與加密貨幣之間的關聯。

所有以想法支持我和為我背書的人，我要感謝沙夏告訴我有關原油和 1970 年代石油危機對蘇聯造成的影響。瓦勒利，謝謝你提出關於區塊鏈和比特幣的新觀點。

我要感謝我母親，並且懷著愛和永遠的感激將本書獻給她。沒有你，這一切都是不可能的。

我摯愛的妻子，艾莉娜，謝謝你的愛和支持。我會永遠記得你在唸婚禮誓詞時說出我所有的書，甚至是德文書。

最後，我想感謝德州的綠葉叢書集團的幫助與支持。尤其是丹尼爾將好消息傳到義大利馬久里湖（Lago Maggiore）。珍，謝謝你的專案管理和排程這麼有彈性。琳希，謝謝你的校對；瑪莉安，謝謝你的潤飾；還有蔡斯，謝謝你的排版想法！還有我在聖塔芭芭拉的編輯瓊，謝謝她的好脾氣和新的想法。

附錄：重要詞彙

地址（Addy、address）
通常是指公開金鑰或虛擬貨幣的錢包地址。比特幣地址是用於傳送和接收比特幣交易。這個地址是由一串字母和數字所組成，也可以顯示成 QR 碼。

農貨通膨（Agflation）
因農產品需求增加導致食品價格上漲的時期，2007 到 2008 年時就因為食物和生質燃料而發生農貨通膨。這個詞是由「農業」（agriculture）和「通貨膨脹」（inflation）兩個詞所組成的。

替代幣（Altcoin）
替代幣，又稱為山寨幣，就是在比特幣之後發行的其他虛擬貨幣。現在有超過四千種替代幣，和比特幣有很多不同。其中一種替代幣就是萊特幣（litecoin）。

逆價差和正價差（backwardation and contango）
在金融業，現貨（或現金）價格與期貨價的價差決定期間結構。逆價差是當期貨交割價低於現貨價（例如三個月後交割的原油價格是每桶 60 美元，現貨價是每桶 70 美元）。正價差是指當期貨價高於現貨價（例如一年後交割的金價是每盎司 1,400 美元，而現貨價是每盎司 1,300 美元）。正價差在金融期貨和黃金很常見，而逆價差通常會發生在大宗商品市場，並且投資人可能可獲得正利差。

區塊鏈（blockchain）
區塊鏈是一個不斷增加的記錄清單，這個記錄稱為「區塊」（block），並以加密的方式連結。區塊鏈是一種分散式帳本技術

（Distributed Ledger Technology，DLT），這是一種分散在多個站、國家或機構的複製、共享和同步數位資料。沒有一個中央管理者或是集中化的資料儲存。

牛市和熊市（Bull and Bear Market）
金融界所說的牛市和熊市是指市場的大方向。之所以用「牛」和「熊」是因為這兩種動物攻擊對手的方式。牛會將牛角往上頂，而熊則是把熊掌往下打。這些動作用來比喻市場的動態。如果趨勢向上就是牛市，如果趨勢向下就是熊市。熊市通常定義為比前波高點下跌至少 20%，而較小的跌幅則稱為修正。

比特幣（Bitcoin 或稱為 BTC 或 B）
比特幣是一種電子型態的虛擬貨幣，一比特幣可分割成 1,000 毫比特幣和 1 億聰（satoshi）。1 比特幣至 2021 年底時的價格約為 48,000 美元。

逢低買進（BTFD）
BTFD 是 Buy The Fucking Dip 的縮寫，這原是股市的用語，意指在股價修正時買進股票或其他資產。

壟斷市場（Cornering a Market）
金融業所稱的壟斷市場，包括取得某個資產的一定控制權，例如股票、貨幣或大宗商品，以試圖操縱市場價格。控制通常是指擁有的量可主導該市場。

（市場）崩盤（〔Market〕Crash）
股票、大宗商品或虛擬貨幣崩盤是指市場一個重大的橫斷面的價格忽然劇烈下跌，造成帳面上重大虧損。恐慌和經濟因素一樣都會造成崩盤。崩盤通常都是在投機性的股市泡沫之後。

加密貨幣（Cryptocurrency）

加密貨幣是一種數位資產，使用高階密碼學來保障金融交易、控制額外單位的創造以及驗證資產交易的交換媒介。加密貨幣是一種替代性的數位貨幣，採用去中心化的控制，而非集中化的數位貨幣和法定貨幣中央銀行制度。最受歡迎的加密貨幣是比特幣。最常見的加密貨幣分類是替代幣和代幣（token），而代幣並非交換媒介。

自行研究（DYOR）

DYOR 是 Do Your Own Research 的縮寫。通常是在網路論壇和部落格中用於提醒讀者自行研究某個主題，而不要只看表象。

法定貨幣（Fiat Currency）

目前「一般」或「正常」的貨幣，例如美元、歐元或英鎊。法定貨幣是一種沒有內在價值的貨幣，通常被政府定為金錢並且由政府擔保。（「法定」一詞的英文 fiat 出自拉丁文，意思是「使之完成」。）這種不同於有實體商品支撐其價值的金錢，例如黃金或白銀（「金本位」制），或是加密貨幣的經濟價值。

FOMO / JOMO

FOMO 的原文是 Fear of Missing Out，意思是「錯失恐懼」。這是指害怕後悔，可能導致擔心錯過社交的機會、新的體驗、獲利投資或其他令人滿足的事件。「錯失恐懼」會讓人一直擔心做了錯誤的決定。另一方面，JOMO 的原則是 Joy of Missing Out，「錯失的喜悅」是「錯失恐懼」的反面。

FUD

原文是 Fear, Uncertainty, and Doubt，這是指透過媒體散佈「恐懼、不確定和懷疑」。這是政治界、公關、業務、行銷和投資界會廣泛使用的不實資訊策略。通常 FUD 是一種策略散佈負面或虛假資訊，並創造恐懼訴求，以影響人們的感受。

黃金（代號是 AU，取自拉丁文 aurum）和白銀（代號 AG，取自拉丁文 argentum）
這兩者都是數千年來用於衡量價值的貴金屬。從西元六世紀開始，黃金和白銀就被鑄造成硬幣。以前金本位和銀本位被當成貨幣政策的基礎。金本位從 1971 年後已不再是法定貨幣的標準（即「尼克森衝擊」）。

金本位（Gold Standard）
金本位是一種貨幣制度，一國將貨幣或紙幣的價值連結至黃金（另外還有銀本位和金銀雙本位制）。大部分的國家終究會放棄貨幣金本位制，但很多仍有相當的黃金儲備。二次大戰後，「布萊頓森林協議」（Bretton Woods Agreements）建立起類似金本位的制度。這個制度是許多國家將自己的匯率連結至美元，而央行可以將持有的美元換成黃金，官方匯率為每盎司 35 美元。所有的貨幣緊盯美元，因此有了固定價值並以黃金來表示。尼克森總統於 1971 年 8 月結束將美元兌換成黃金的制度，因而開始了法定貨幣的浮動匯率。

HODL
HODL 的全文是 Hold On for Dear Life，意思是「死也不放」。2013 年 12 月在比特幣論壇上，當比特幣價格崩跌的討論中有人打錯字。這個錯字在幣圈變得非常受到歡迎，用來鼓勵人們持有加密貨幣不要賣出（買進並持有）。

首次代幣發行（Initial Coin Offering，ICO）
首次代幣發行是利用加密貨幣募資的方式。在首次代幣發行時，某個數量的加密貨幣被賣給投資人，以交換法定貨幣或其他加密貨幣，例如比特幣或乙太幣。首次代幣發行可以是新創公司的資金來源，而且通常可以避免遵循相關法令，也不需要中介者，例如創投資本家、銀行和股票交易所。

多頭和空頭（Long and Short）
投資人在交易時可以採取兩種部位：多頭和空頭。投資人可以買進資產（作多）或賣出資產（作空）。多頭（買進）部位表示投資人希望價格上漲。空頭部位表示投資人希望因資產價格下跌而受惠。空頭部位比買進資產更複雜。

登月（Mooning）
幣圈所說的「登月」是指價格瞬間飆漲。如果有人說「比特幣正在登月」就表示比特幣的價格在一段時間內瞬間飆漲。

拉高出貨（Pump and Dump）
這是一種證券詐欺，涉及以不實的正面言論人為哄抬手中持有的股票價格，然後把便宜買進的股票以更高的價格賣出。操作的人一旦出貨—也就是賣出—這個價格過高的股票就會開始下跌，投資人就會虧損。假的或誤導人的資訊可能是透過垃圾郵件、社交媒體、網路論壇或部落格散佈。這種詐欺最常發生在小規模的加密貨幣，以及非常小的上市公司，即微型企業。

稀土金屬和稀土元素（Rare Earth Metals or Rare Earth Elements）
稀土是17種物質元素，包括15種鑭系元素和鈧和釔。15種鑭系元素分別為鈰、鐠、釹、鉕、釤、銪、釓、鋱、鏑、鈥、鉺、銩、鐿、鑥和釔。稀土常見的區別是輕稀土和重稀土。稀土元素有許多的高科技應用，例如油電混合車的電動馬達、風機、硬碟、行動電子裝置、麥克風和喇叭。

聰（Sats）
聰（原文為satoshi，簡稱sats）是比特幣的一小部分。一比特幣值一億聰。這個詞衍生自比特幣的發明者中本聰的「聰」。目前一萬聰相當於65美元。

強手與弱手（Strong and Weak Hands）
金融界中的強手是指資金充沛的投資人或炒作者，他們通常是長期持有者，不會因為市場小幅波動就賣出。弱手則相反。

自作主張的交易員（Rogue Trader）
進行未經授權交易的人，通常遊走於民事與刑事違法之間的灰色地帶。自作主張的交易員可能是公司的合法員工，但是沒有取得雇主的允許即擅自進行交易。

Tokens（代幣）
（加密）代幣是某種資產或用途的數位表示法，也是一種加密貨幣的類別。代幣可以代表任何可替代、可交易的資產，例土地與不動產、大宗商品、會員積分，或甚至是其他加密貨幣。

美元（USD）
美元（使用 USD 或 $ 為符號）是美國及其領土的官方貨幣。一美元相當於 100 美分。此外，包括加拿大、澳洲和紐西蘭等超過 20 種貨幣也是以「元」（dollar）為單位。

錢包（Wallet）
如果你想儲存比特幣或任何其他加密貨幣，就需要有數位錢包。加密貨幣錢包是一種軟體程式，會儲存私人和公開金鑰，並與多個區塊鏈互動，讓使用者可以傳送和接收數位貨幣並查看餘額。錢包的形式有很多：線上、離線、硬體、紙本，全都有不同層級的安全性。

鯨魚（Whale）
「鯨魚」一詞通常是指市場中的大戶或非常大的投資人。海洋是指市場，因為可以衍生出包含大魚、小魚、鯊魚，而海浪則是指市場波動等其他詞。

附錄:英文縮寫清單

BMO:蒙特屢銀行
BTC:比特幣
CAD:加拿大幣
CBOT:芝加哥期貨交易所
CHF:瑞士法朗,簡稱瑞朗
CME:芝加哥商品交易所
ct.:克拉
EUR:歐元,是歐盟 28 個成員國中 19 國的官方貨幣。
EV:電動車
FAO:糧農組織
GBP:英鎊
ICE:洲際交易所
IEA:國際能源署
kg:公斤
lb:磅

LIFFE:倫敦國際金融期貨交易所
LME:倫敦金屬交易所
LNG:液化天然氣
LTCM:長期資本管理
NOK:挪威克朗
NYMEX:紐約商品交易所
MMBtu:百萬英制熱單位
OECD:經濟合作開發組織
OPEC:石油輸出國家組織
oz:金衡盎司
RBC:加拿大皇家銀行
USD:美元
USDA:美國農業部
WTI:西德州中級原油

從鬱金香到比特幣的狂歡與泡沫
大宗商品市場投機史

FROM TULIPS TO BITCOINS
A History of Fortunes Made and Lost in Commodity Markets

托爾斯登・丹寧 Torsten Dennin／著
呂佩憶／譯

Copyright © Torsten Dennin, 2019
Complex Chinese rights arranged by Cristina Prepelita Chiarasini, www.agencelitteraire-cgr.com, through Peony Literary Agency.
Complex Chinese Copyright © Briefing Press, 2025

書系｜知道的書Catch on!　　書號｜HC0102R

著　　者　托爾斯登・丹寧 Torsten Dennin
譯　　者　呂佩憶
行銷企畫　廖倚萱
業務發行　王綬晨、邱紹溢、劉文雅
總 編 輯　鄭俊平
發 行 人　蘇拾平

出　　版　大寫出版 Briefing Press
發　　行　大雁出版基地 www.andbooks.com.tw
　　　　　地址：新北市新店區北新路三段207-3號5樓
　　　　　電話：(02)8913-1005　傳真：(02)8913-1056
　　　　　劃撥帳號：19983379　戶名：大雁文化事業股份有限公司

二版一刷　2025年8月
定　　價　550元
版權所有・翻印必究
ISBN 978-626-7676-26-4
Printed in Taiwan・All Rights Reserved
本書如遇缺頁、購買時即破損等瑕疵，請寄回本社更換

國家圖書館出版品預行編目(CIP)資料

從鬱金香到比特幣的狂歡與泡沫：大宗商品市場投機史
托爾斯登・丹寧（Torsten Dennin）著；呂佩憶譯
二版｜新北市：大寫出版：大雁出版基地發行｜2025.08
344 面；14.8*20.9 公分（Catch on! 知道的書；HC0102R）
譯自：From Tulips to Bitcoins : A History of Fortunes Made and Lost in Commodity Markets
ISBN 978-626-7676-26-4（平裝）

1.CST: 金融商品　2.CST: 電子貨幣　3.CST: 金融史
561.09　　　　　　　　　　　　　　　　　　　　　114008461

Catch on!
知道的早

Catch on!
知識的泉